**디자인 모방품
때문에
고민입니다**

디자인 모방품 때문에 고민입니다

발행일	2020년 3월 27일

지은이	김태수		
펴낸이	손형국		
펴낸곳	(주)북랩		
편집인	선일영	편집	강대건, 최예은, 최승헌, 김경무, 이예지
디자인	이현수, 한수희, 김민하, 김윤주, 허지혜	제작	박기성, 황동현, 구성우, 장홍석
마케팅	김회란, 박진관, 조하라, 장은별		
출판등록	2004. 12. 1(제2012-000051호)		
주소	서울특별시 금천구 가산디지털 1로 168, 우림라이온스밸리 B동 B113~114호, C동 B101호		
홈페이지	www.book.co.kr		
전화번호	(02)2026-5777	팩스	(02)2026-5747

ISBN	979-11-6539-121-8 03320 (종이책)	979-11-6539-122-5 05320 (전자책)	

이 도서의 국립중앙도서관 출판예정도서목록(CIP)은 서지정보유통지원시스템 홈페이지(http://seoji.nl.go.kr)와
국가자료공동목록시스템(http://www.nl.go.kr/kolisnet)에서 이용하실 수 있습니다.
(CIP제어번호: CIP2020012872)

(주)북랩 성공출판의 파트너

북랩 홈페이지와 패밀리 사이트에서 다양한 출판 솔루션을 만나 보세요!

홈페이지 book.co.kr • **블로그** blog.naver.com/essaybook • **출판문의** book@book.co.kr

디자인, 브랜드를 재산으로 만들고 성공하는 방법

디자인 모방품 때문에 고민입니다

김태수 지음

카카오
브런치
추천 작품

"
아이폰의
둥근 모서리는
애플의
디자인 특허권이다?
"

북랩 book Lab

■ *Prologue*

디자인과 브랜드로 성공할
당신을 응원합니다!

　　최근 삼성과 애플의 글로벌 분쟁은 많은 사람들에게 '디자인권'과 친숙해지는 계기가 되었습니다. 2007년 1월 스티브 잡스는 사람들의 삶을 바꾸어 놓은 아이폰을 전격적으로 발표면서 "Boy, have we patented it!"이라고 말했습니다. 아이폰의 모든 것을 특허화했으니 모방하지 말라는 경고였을지도 모릅니다. 그 당시 애플은 휴대폰 기술을 개발한 적도 없는 기업이었기 때문에 휴대폰 분야에서는 스타트업이나 마찬가지였습니다. 하지만 애플은 밀어서 잠금 해제, 바운스 백과 같은 유저 인터페이스(UI)나 사용자 경험(UX)에 대한 아이디어를 특허권으로 등록시키는 동시에, 아이폰의 둥근 모서리를 디자인권으로 만들었습니다. 이렇게 아이폰 자체를 표상하는 아이디어와 디자인이 애플의 '재산'이 되었습니다. 또한 애플과 아이폰이라는 브랜드는 어마어마한 가치를 가지게 되었습니다.

이제는 우리 기업도 아이디어, 디자인, 브랜드라는 지식재산으로 사업을 지켜내는 노력을 해야 할 때입니다. 중국 등 다른 나라의 추격이 턱밑까지 와 있기 때문입니다. 유럽, 미국, 일본은 차례로 지식재산권을 이용하여 국가 경쟁력을 지켜나가고 있습니다. 중국 등 신흥국에게 우리의 자리를 내주지 않으려면 지식재산권에 대한 이해가 필수인 시대입니다.

기술이 있으면 밥 먹고 산다는 말이 있었습니다. 기술 중심의 발전이 한국을 이끌어왔음을 느끼게 해주는 말입니다. 우리가 이루어 낸 혁신을 자세히 들여다보면, 기술 중심의 혁신과 디자인 중심의 혁신으로 구별할 수 있습니다. 이제까지 기술 중심의 혁신이 한국 경제를 이끌고 왔지만, 기술이 상향평준화되거나 제조 경쟁력이 낮은 분야에서는 창의적이고 소비자의 감성을 충족시키는 디자인 중심의 혁신이 상대적으로 중요해질 것입니다. 이러한 디자인이 어떤 방식으로든 보호받지 못한다면, 모방 제품이 우후죽순 등장하여 먼저 제품을 개발한 기업의 노력은 수포로 돌아갑니다. 기술 자체가 중요한 제품이든 디자인이 중요한 제품이든 아이디어와 디자인은 제품의 브랜드 아이덴티티를 구축하는 힘이 됩니다. 이때 브랜드를 '재산'으로 만드는 일도 간과해서는 안 됩니다.

디자인에 대한 지식재산 이야기를 글로 쓰기 시작한 것은 구두 디자이너 A 대표가 시즌마다 자신의 구두 디자인을 그대로 베끼는 모방품 때문에 고민이라며 청해 온 상담이 계기가 되었습니다. 한국에서는 아직 디자인 지식재산권에 대한 인식이 낮고 다른 사람의 디자인을 베껴도 된다고 생각하는 경향이 있습니다. 하지만 세상은 바뀌어가고 있습니다. 제조 경쟁력 부문에서 우위를 점하던 한국이 최근에는 중국, 동남아 국가에 자리를 내주게 되면서 지식재산과 혁신을 통한 성장이 요구되는 시대가 되었습니다. 우리나라는 시대적 요구에 발맞추어 특허 소송의 관할을 집중하여 신속한 지식재산 분쟁을 도모하고 있으며, 특허권 침해에 대한 징벌적 손해배상 제도를 도입하였고 이는 디자인권과 상표권에도 모두 확산할 예정입니다. 2011년 지식재산 기본법이 시행되고 이를 근거로 대통령 소속 '국가지식재산위원회'가 운영된 후 이러한 변화는 필연적인 결과로 생각되며 지식재산을 중시하는 문화는 자리매김해나갈 것입니다.

이 책은 여러분에게 디자인과 브랜드를 어떻게 지킬 수 있는지에 대한 기초 지식을 전달하고자 기획되었습니다. 누구나 이해할 수 있도록, 디자인과 브랜드에 관련된 실제 사례를 그림과 함께 쉽게 설명하였습니다. 이 책의 내용이 디자인과 브랜드 보호의 상식을 전파하고, 대한민국 기업이 디자인과 브랜드를 보호하고 활용하면서 글로벌 기업으로 성장해나가는 데 도움이 되기를 기원합니다.

제가 발간한 『특허 콘서트』가 '2016 세종도서 교양 부문', '2018 대한민국 독서토론 논술대회 지정 도서'로 선정되어 『아이디어가 이렇게 재산이 될 줄이야』까지 출간될 수 있도록 성원해주시고, 네이버 '디자인판'과 카카오 '브런치'의 글을 꾸준히 사랑해주신 수많은 독자분들께 감사드립니다. 마지막으로 지속적인 출간 작업을 지지해주는 사랑하는 아내와 딸 유연이와 아들 유찬이에게 고마움을 전합니다.

2020년 3월
저자 김태수

▌ *Contents*

아이폰의 둥근 모서리는
애플의 디자인 특허권이다?

2007년 1월 스티브 잡스는 사람들의 삶을 바꾸어 놓은 아이폰을 전격적으로 발표하였습니다. 이때 스티브 잡스는 "Boy, have we patented it!"이라고 말했습니다. 아이폰의 모든 것을 특허화했으니 모방하지 말라는 경고였을지도 모릅니다. 사실 스티브 잡스는 매킨토시(Macintosh)라는 혁신적인 컴퓨터로 세상을 놀라게 했지만, IBM과 마이크로소프트에 시장을 내준 기억을 가지고 있었습니다. 이런 실패를 바탕으로 지식재산에 대한 중요성을 깨달았을 것 같습니다.

┃ 스티브 잡스의 아이폰 발표 장면 ┃

출처: Youtube, Steve Jobs - iPhone Introduction in 2007

　　2011년 애플은 삼성에 소송을 제기합니다. 한국 사람들은 이 소송에 의구심을 품게 됩니다. 첨단 기술에 대한 특허를 1만 건 가지고 있는 삼성을 상대로 소송을 제기하다니, 애플이 제정신인 가? 애플은 휴대폰 기술을 개발한 적도 없다가 스마트폰을 세상에 내놓았는데 과연 특허가 얼마나 있을까? 우리의 예상대로 당연히 애플은 통신이나 반도체, 디스플레이와 같은 첨단 기술에 대한 특허는 없었습니다. 애플은 대부분의 부품을 삼성 등에서 조달하고, 폭스콘에 위탁하여 아이폰을 생산하였기 때문입니다.

그런데 반전이 생깁니다. 바로 애플은 디자인권이라는 이상한 무기를 내세웁니다. 삼성의 첨단 기술에 대한 특허에 대항해, 별 볼 일 없어 보이는 여러 개의 디자인권을 전면에 내세워 공격합니다. 두 회사는 디자인권을 두고 이례적으로 대법원까지 소송을 진행하다가 최근 합의를 이루었습니다.

이 중에서 가장 충격적으로 다가오는 것은 애플이 '아이폰의 둥근 모서리는 애플의 디자인권이다'라고 주장한 것입니다. 애플 디자인권은 다음과 같이 둥근 모서리를 권리화했습니다. 2011년 아이폰의 둥근 모서리에 대한 디자인권이 화두가 되자, 이것이 한국에 큰 충격을 줍니다. 스마트폰의 둥근 모서리는 제품 그 자체이기 때문에, 애플의 주장은 스마트폰을 만들지 말라는 얘기나 다름없습니다. 자연스럽게 애플과 삼성은 이 디자인권을 소송의 중심에 두게 됩니다. 2015년 삼성은 미국 특허청으로부터 이 디자인권에 대한 무효 결정을 이끌어 내는 데 성공합니다. 이러한 무효 결정을 보면 삼성의 방어력도 만만치 않았습니다. 미국 특허청의 무효 결정에도 불구하고, 이 디자인권은 2018년 양측의 합의 직전의 판결까지 손해배상 산정의 기초가 되었습니다.

❙ 애플의 '둥근 모서리'에 대한 디자인권 ❙

미국 등록 디자인 US D618,677

　　스마트폰의 둥근 모서리 따위가 디자인권으로 보호되는 것이 말이 안 된다고 치부하는 현실을 반대로 생각하면, 한국에서 디자인 보호에 대한 인식이 낮았다고 해석할 수 있습니다. 디자이너 입장에서는 스마트폰의 형태에 디자인적 요소를 부가할 수 있는 부분이 별로 없습니다. 디자이너는 오랜 고민 끝에 아이폰의 둥근 모서리를 디자인했을 것입니다. 애플과 삼성의 소송 이후에 아이폰의 둥근 모서리와 다른 형태로 스마트폰이 많이 만들어졌습니다. 둥근 모서리를 작게 하거나 아예 직사각형으로 만들었지요. 하지만 이러한 형태는 소비자에게 사랑받지 못했습니다. 이런 사실에 비추어 보면, 아이폰의 둥근 모서리는 디자인으로서 상당한 의미가 있었다고 보입니다.

스마트폰의 둥근 모서리에 대한 디자인권은 눈에 뻔히 보이는 권리입니다. 이를 근거로 스티브 잡스는 삼성을 카피 캣(copy cat)이라고 비판했으며, 별 볼 일 없을 것 같던 디자인권은 원조와 짝퉁을 구분하는 기준처럼 작용하였습니다. 2012년 미국 소송에서 배심원단도 어렵지 않게 디자인권 침해를 판단하고 10억 달러라는 거액의 손해배상 판결이 나오게 됩니다. 이런 현상을 보면, 디자인권은 특허권보다 더 강력해 보이기까지 합니다. 기술이 상향평준화되면서 앞으로 디자인권의 중요성은 더욱 부각될 것입니다.

> **이제 우리는 제품 자체를 표상하는 디자인을 권리화하고
> 사업을 지키려는 노력을 해야 할 때입니다.**

애플은 여기에 그치지 않고, 유저 인터페이스(UI)나 사용자 경험(UX)에 대한 아이디어를 특허로 등록시킵니다. 예를 들면, 밀어서 잠금 해제, 바운스 백 특허 등이 이에 해당합니다. 어찌 보면 기술도 아닌 것처럼 보이는데, 사용자 편의성을 생각하면 필수적인 요소라고 할 수 있습니다. 첨단 기술은 아니지만, 이 특허는 애플과 삼성의 특허 분쟁에서 쟁점이 될 만큼 중요하였습니다.

특허의 내용을 보면 다음과 같은 도면의 순서대로 기재되어

있습니다. 이 특허는 바운스 백(bounce-back) 효과, 즉 스마트폰 화면에서 끝부분에 도달하면 화면이 더 이상 넘어가지 않고 반대 방향으로 용수철처럼 튕겨 되돌아가는 기술에 관한 것입니다. 구체적으로 설명하면, 어떤 사진이 있을 때 먼저 그 사진을 확대하고, 왼쪽 방향으로 사진을 넘길 때, 오른쪽 끝부분이 음영으로 표시되어 끌려 나온 후 다시 튕겨져서 오른쪽 방향으로 화면이 되돌아갑니다. 그리고 다시 왼쪽 방향으로 사진을 끌어당기면 다음 사진으로 넘어가게 됩니다. 이와 같은 내용은 초창기 스마트폰에서 기본적으로 사용되었던 기술입니다.

❙ 바운스 백 특허의 내용 ❙

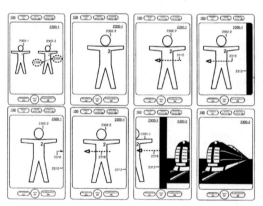

출처: 유럽 특허 EP 2059868

이러한 애플의 지식재산 전략은 우리에게 큰 교훈을 줍니다. 애플은 부품이나 완제품을 직접 제조하지 않지만, 제품에서 필수적인 아이디어, 디자인, 브랜드를 권리화하여 후발 주자에 시장을 내주지 않기 위한 노력을 기울였습니다. 특히 애플은 기술과 관련된 특허만 중시하지 않고, 디자인과 브랜드와 같은 무기를 확보하여 강력한 포트폴리오를 형성했다는 점에 주목해야 합니다.

애플과 삼성의 소송을 이야기했기 때문에, 디자인권이 대기업에 국한되어 있다고 생각하실 수 있습니다. 하지만 그렇지 않습니다. 대기업은 이미 첨단 기술을 개발하면서 수많은 특허권으로 무장하고 커다란 장벽으로 자신을 보호하고 있습니다. 반면 스타트업 또는 중소기업은 이러한 장벽을 넘기 어려운 상황에서 어떤 권리든 가져야 하는데, 이때 디자인권이 아주 적합합니다. 따라서 디자인권은 어쩌면 대기업보다 스타트업과 중소기업에게 의미가 큽니다. 애플은 휴대폰 분야에서 후발 주자였으며, 이와 관련된 첨단 기술을 개발한 경험이 없었기 때문에, 애플이 삼성의 특허권에 디자인권으로 맞선 것과 같은 이치입니다.

> ## 디자인권은
> ## 스타트업과 중소기업이 취득하기에 적합한 지식재산입니다.

　또한 중국 등 다른 나라에서 만든 제품과 한국 제품 사이의 기술 격차가 줄어들거나 동일한 수준이 되었습니다. 기술 격차가 줄어들면, 한국 제품은 사람의 감성을 자극하는 디자인으로 승부해야 합니다. 기술 수준이 평준화될 때 디자인이 중요해진다는 것은 역사적으로 유럽, 미국, 일본에서 차례차례 겪은 일들입니다. 이제 한국 기업도 기술뿐만 아니라 디자인을 중시하면서 특허권, 디자인권 등 지식재산 포트폴리오를 활용할 때입니다.

　이제 우리는 디자인권과 관련된 실제 사례를 살펴보면서, 디자인을 권리로 보호하는 데 필요한 상식을 함께 이해하고자 합니다.

대한민국의
창의적인
디자인 역량은
뛰어나다

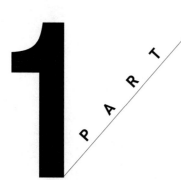

1 PART

토끼 모양 '라비또', 깜찍한 디자인으로 세계를 사로잡다

여러분,

이런 스마트폰 케이스를 아시나요?

▌ 라비또의 스마트폰 케이스 ▌

출처: 라비또 네이버 스마트스토어

이 깜찍한 스마트폰 케이스는 한국 디자이너가 만든 것입니다. 바로 곽미나 대표의 디자인인데요. 곽미나 대표는 2010년 영국으로 유학길을 떠났다가 현지 디자인 전시회에 토끼 귀 모양의 스마트폰 케이스를 출품하였습니다. 해외 바이어들은 이 스마트폰 케이스에 엄청난 호응을 해주었고, 이러한 호응에 힘입어 곽미나 대표는 ㈜라비또를 창업하게 되었습니다. 특히 라비또의 토끼 귀와 꼬리털이 달린 스마트폰 케이스를 사용하는 해외 스타들의 통화하는 모습이 매스컴에 오르내리자 급속한 입소문을 타게 됩니다. 라비또는 창업 초기부터 제품을 전 세계에 판매하는 커다란 성공을 거두었습니다.

라비또는 독특한 디자인을 발판으로 창업된 회사인 만큼, 직접 제품을 생산하지 않습니다. 직접 제품을 생산하지 않으니 기술과는 동떨어져 있다고 봐야 합니다. 보통 한국에서는 기술 경쟁력을 기반으로 혁신 제품이 탄생한다는 고정관념이 있는데, 디자인이 핵심 경쟁력이라서 좀 어색합니다. 규모가 있는 기업이 아닌 스타트업이 첨단 기술을 자체 개발한다는 것은 어려운 일이며 디자인을 경쟁력으로 내세우는 것이 더 유리합니다.

디자인이 핵심 경쟁력이라면 디자인권을 확보해야 합니다. 디자인권을 확보하면 무엇을 할 수 있을까요? '짝퉁'이 팔리는 것을 막을 수 있습니다. 라비또의 스마트폰 케이스처럼, 전 세계적으로 많은 호응을 얻게 되면 짝퉁이 우후죽순 등장하게 되고, 이때 디자인권은 이 골치 아픈 상황을 벗어나게 하는 해결사 역할을 톡톡히 합니다.

> " 디자인권은 다른 사람이 비슷한 디자인으로
> 제품을 만들거나 판매하는 것을 막을 수 있는 권리입니다. "

이제 곽미나 대표가 어떤 디자인권을 확보했는지 함께 보시지요. 다음과 같이 토끼 귀가 달린 스마트폰 케이스로서 가장 기본적인 디자인입니다. 곽미나 대표의 등록 디자인은 제 30-0600219호입니다. 특허, 디자인, 상표를 포함하는 지식재산 분야에서는 이런 번호를 통하여 지식재산을 식별합니다. 주민등록번호처럼 말이지요. 앞의 '10'은 특허를, '20'은 실용신안을, '30'은 디자인을, '40'은 상표를 뜻합니다. 창작자와 디자인권자가 모두 곽미나 대표입니다. 창작자는 디자인을 창작한 사람이고, 디자인권자는 디자인권을 소유하는 사람이나 회사입니다. 2010년 12월 30일에 디자인 등록을 신청하여 2011년 5월 20일에 등록받았습니다. 디자인 등록을 신청하고 등록하는 데 6개월 정도

가 소요되는 것이 보통입니다. 곽미나 대표는 토끼 귀뿐만 아니
라 토끼 꼬리가 달린 다음과 같은 디자인도 등록합니다.

▎ 라비또의 디자인권 ▎

등록 디자인 제30-0600219호, 제30-0721123호

디자인권은 사업을 지키는 권리이지만 내용은 상당히 간단합
니다. 별다른 내용은 없고 휴대폰 케이스라는 물품에 사용되고,
도면에 나타난 디자인이 자신의 권리라는 것입니다. 이렇게 확보
한 디자인권이 곽미나 대표의 사업을 든든히 지켜냅니다.

디자인이 곽미나 대표의 핵심 경쟁력이지만 브랜드도 권리로
확보해야 합니다. 브랜드는 소비자와 소통할 수 있도록 도우며

다른 디자인이나 제품을 연결해주는 경영 자산이기 때문입니다. 브랜드는 지식재산 분야에서 상표권이라고 합니다. 곽미나 대표는 영어 '래빗(rabbit)'과 한글 '토끼'를 합성하여 라비또(rabito)라는 브랜드를 확정하고, 2010년 9월 상표등록을 신청하고 상표권을 확보하였습니다. 상표등록 제40-0891809호입니다. 상표권은 '40'으로 번호가 시작됩니다. 상표등록 신청은 상품을 지정해야 하는데요. 'rabito'라는 상표는 '휴대폰 케이스'를 상품으로 지정하였습니다.

| 라비또의 상표권 |

상표등록 제40-0891809호

곽미나 대표는 디자인권과 상표권이라는 지식재산에 기반을

두고 라비또를 2011년 4월에 성공적으로 창업하였습니다. 창업
한 달 뒤부터 영국, 이탈리아, 미국의 백화점 등에 라비또의 상
품이 진열되는 큰 성과를 거두었습니다.

　토끼 모양 스마트폰 케이스가 유명해지자, 곽미나 대표는 토
끼 모양 디자인을 다양하게 응용하여 사업을 확장했습니다. 토
끼 모양 디자인은 머그컵, 빈백(bean bag) 소파, 유아용 의자, 케
이블 홀더, 모니터 메모보드에 응용되어 상품화되었습니다. 물
론 다음과 같은 디자인권을 먼저 확보하는 순서를 밟았지요.

❚ 라비또의 다양한 디자인권 ❚

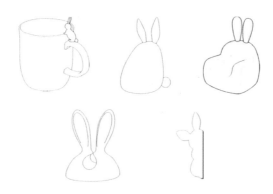

등록 디자인 제30-0767994호, 제30-0779361호, 제30-0855961호, 제30-0703833호, 제30-0721137호

라비또의 토끼 모양 디자인은 단순히 한 제품의 디자인이 아닌 브랜드가 되었습니다. 토끼 모양 디자인은 라비또의 브랜드 아이덴티티로 자리 잡고 꾸준히 응용되면서 브랜드의 가치는 더해질 것입니다. 기존에는 기술이 밥 먹여 준다고 생각했었지요. 이제는 기술만이 혁신의 대상이 아니고 사람의 감성을 자극하는 디자인도 중요해졌습니다. 앞으로도 기술 상향평준화는 디자인의 중요성을 자연스럽게 부각할 것입니다. 곽미나 대표의 사례는 기술을 중심에 두지 않는 창업자나 디자이너에게 큰 희망을 안겨줍니다.

" **디자인은 기업의 권리이자 재산일 뿐만 아니라,
기업의 브랜드 아이덴티티를 구축합니다.** "

노숙자 출신 강신기 사장,
에스보드로 부활하다

2004년 5월, 미국 펜실베이니아주 피츠버그에서 열린 국제 발명전(2004 INPEX)에 에스보드라는 한국 발명품이 출품되었습니다. 에스보드는 전 미주 지역 최고 발명상, 스포츠 부문 금상, 레크리에이션 부문 금상, 완구 및 게임 부문 금상으로 선정되어 최종적으로 그랑프리 대상을 수상하였습니다. 그 주인공은 바로 노숙자 출신 강신기 사장입니다.

| 에스보드 |

출처: essking.com

강신기 사장은 2004년 국제 발명전에서 대상을 수상하면서 유명세를 타게 되었습니다. 하지만 그의 인생은 순탄치 않았습니다. 강신기 사장은 어려운 유년 시절을 보냈고, 침대 사업을 하다가 IMF의 여파로 부도를 맞았습니다. 빚더미에 앉은 그는 서울역에서 노숙자 생활을 시작했지요. 하지만 그는 노숙자 생활이 오히려 힘차게 비상해야 할 바닥이라고 여겼습니다. 결국, 서울역 노숙자 생활을 벗어나 벤처기업 CEO로 다시 태어나게 됩니다. 이런 그의 인생 역정은 '긍정의 힘'을 보여주는 대표적인 모범 사례가 되었고 그는 2005년 국정홍보처가 제작한 '긍정의 힘을 믿습니다'라는 광고에 출연하기도 했습니다.

강신기 사장의 저서 『지구를 흔든 남자』를 보면 많은 이야기가 담겨 있습니다. 특히 끈질기게 에스보드 개발에 모든 것을 쏟아붓고, 개발 자금 한 푼 없이 한 발씩 나아가는 모습은 감동적입니다. 노숙자 시절 그는 거리에서 아이들이 타는 킥보드에 관심을 가진 후 고물상에 들러 두 개의 바퀴가 달린 킥보드를 하나 얻어서, T자 모양의 손잡이를 잘라내고 올라타 보았습니다. 이후 부서진 스케이트보드를 타면서 발로 땅을 구르지 않고도 앞으로 나아가는 것을 생각하기에 이르렀습니다. 다만, 발로 땅을 구르지 않고, 추진력을 얻는 것이 가장 큰 문제였지요.

어느 날 그는 지인을 만나러 갔다가 우연히 한 청년이 이상한
보드를 타는 것을 발견합니다. 스케이트보드를 둘로 나누고 양
쪽에 바퀴를 단 것이었습니다. 바로 강신기 사장이 개념적으로
생각했던 땅을 구르지 않고 앞으로 나아가는 보드였습니다. 강
신기 사장은 이 보드를 '에스보드(Essboard)'라 명명하고 사업화
하기로 결심하게 됩니다. 그는 특허, 디자인, 금형 등 하나씩 매
듭을 풀어가며 결국 에스보드를 제품으로 탄생시켰습니다. 그
럼, 강신기 사장의 끊임없는 도전으로 탄생한 에스보드의 특허
과정을 알아보겠습니다.

강신기 사장이 우연히 만난 청년은 에스보드의 최초 발명자
였습니다. 그 청년은 특허를 신청(출원)까지 해놓았지만, 사업화
는 포기하고 있었습니다. 강신기 사장은 이 청년에게 나중에 5
천만 원을 주기로 하고 특허를 사들였다고 합니다. 특허는 재산
권의 일종이므로, 당연히 양도가 가능합니다. 발명의 양도는 발
명한 이후 특허 신청 여부나 특허 등록과 관계없이 언제든지 가
능합니다.

청년 발명가가 에스보드 발명에 대해 특허를 신청해둔 상태였
지만, 만일 자신의 발명과 특허를 그대로 두었다면 아쉬움이 남
았을 것입니다. 청년 발명가가 강신기 사장을 만나지 못했다면,

에스보드의 기본 원리를 발명하는 데 들인 노력과 시간이 헛되게 되었겠죠. 이 청년에게 특허의 양도는 자신의 노력에 대해 보상을 받는 최상의 방법이었습니다. 보통 이런 보상은 발명가에게 또 다른 발명을 추진하는 동기가 됩니다.

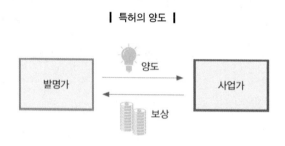

│ 특허의 양도 │

> 66 **발명자는 아이디어 또는 특허를 양도하여 이익을 얻을 수 있고,
> 양도된 특허는 사업화의 밑거름이 됩니다.** 99

『지구를 흔든 남자』를 보면, 강신기 사장이 개발자금을 확보하기 위해 낡은 합판을 들고 발로 뛸 때, 이를 보다 못한 그의 친구는 그에게 "그런 합판 짝을 들고 다녀봤자 너에게 돈 내줄 사람은 없을 거야. 괜히 용쓰지 말고 일단 제품을 새로 완성해서

네 이름으로 특허를 내도록 해. 뭐라도 믿는 구석이 있어야 돈을 빌려줄 거 아니야?"라며 따끔한 충고를 했다고 합니다. 그렇습니다. 기술은 특허로 보호받아야 투자자들이 마음 편히 돈을 투자할 수 있습니다. 즉, 투자자는 특허가 없으면 아무나 뛰어들 수 있는 사업이라고 생각하기 쉽기 때문에, 특허권은 진입 장벽의 하나로 여겨집니다.

친구의 말을 들은 강신기 사장은 청년 발명가의 특허를 보강하여 특허를 다시 신청하였습니다. 이 특허 신청으로 2003년 대한민국 특허기술대전에서 '국무총리상'을 수상하게 됩니다. 이를 통해 한국기술신용보증기금으로부터 15억 원을 대출받아 사업 자금을 확보할 수 있었습니다. 사업 자금을 확보한 강신기 사장은 2003년 8월 특허를 등록하고, 2003년 9월에 에스보드 제품을 탄생시키게 됩니다.

▌ 특허의 양도와 기술금융 ▐

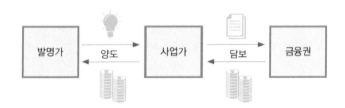

강신기 사장은 S자 모양의 바퀴 자국을 보고 'Essboard'로 브랜드를 확정 지었습니다. 강신기 사장은 2003년 6월 다음과 같은 상표 등록을 신청하여 2004년 9월 상표권을 등록합니다. 특허권과 더불어 상표권을 확보한 것입니다.

| 에스보드 상표권 |

Essboard
에스보드

상표등록 제40-059397호

한편 『지구를 흔든 남자』를 보면, 강신기 사장이 기술 개발을 마치고 특허를 등록받게 될 즈음, 그의 친구는 제품을 디자인해야 한다고 조언합니다. 강신기 사장이 디자인은 중요하지 않다고 말하자, 그의 친구는 "제품을 발명하고 개발하는 일보다 더 중요한 것은 바로 디자인이야. 보기 좋은 떡이 먹기도 좋다는 말이 있잖아. 사람들이 제품을 구매하고 싶은 충동이 들게끔 디자인을 할 수 있다면 일단 반은 성공한 거라고"라고 강하게 질책했습니다. 이제 강신기 사장은 무일푼일 당시 에스보드의 디자인 개발에 착수하게 됩니다. 디자인 전문 회사를 찾아가 상담을 받고 한국디자인진흥원을 소개받았습니다. 이로써 강신기 사장은 한국디자인진흥원을 통하여 정부 지원을 받아 디자인을 개발하게 되고, 한국디자인진흥원으로부터 '벤처 디자인 금상'까지 수상하였습니다. 이 디자인은 다음과 같이 2003년 7월 디자인 등록을 신청하여 2004년 3월에 디자인권을 확보하게 됩니다.

┃ 에스보드 디자인권 ┃

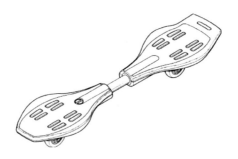

등록 디자인 제30-0347471호

강신기 사장이 에스보드를 사업화한 과정을 살펴보면, 2003년 특허, 상표, 디자인을 차례로 권리화한 사실을 알 수 있습니다. 이렇게 지식재산권으로 제품을 보호해야만 사업을 지켜낼 수 있습니다. 기술 중심의 혁신은 기술 개발, 디자인 개발, 브랜드 확정이라는 과정을 거치며, 특허권, 디자인권, 상표권이라는 권리를 창출합니다. 특허권, 디자인권, 상표권은 제품의 모방을 막아주고 사업을 지키는 자산이 됩니다. 각각의 권리는 혁신을 지켜내는 각자의 역할이 있습니다.

> **기술 중심의 혁신이더라도**
> **특허권 외에 디자인권과 상표권을**
> **확보하려는 노력을 기울여야 합니다.**

일련의 지식재산권의 확보와 제품 출시를 마치고 에스보드는 도약의 발판을 마련했습니다. 에스보드가 2004년 국제 발명전(2004 INPEX)에서 그랑프리 대상을 받은 것입니다. 계약하자는 바이어가 쇄도하였지만 강신기 사장은 미국 대중 용품 전문 회사인 CPG와 협상을 진행했습니다. 강신기 사장은 유리한 협상 결과를 이끌어 내고, CPG와 국제협약을 통하여 북미 및 유럽 시장에서 제조 및 판매에 대한 로열티를 받기로 했습니다. 강신

기 사장은 당시의 예상으로 로열티 120억 원 이상은 벌 수 있다
고 확신했지요. 한국의 발명품이 해외 로열티까지 받는다는 것
은 매우 이례적인 일입니다. 혁신적인 발명품이 대한민국을 빛내
는 순간이었습니다.

똥 모양 빵 '똥빵',
디자인 권리는 누구의 것일까?

—

　'똥빵'은 우리가 흔히 알고 있는 붕어빵처럼 만들어지지만, 하 필이면 똥 모양입니다. 똥 모양 빵이라는 점에서 아주 오묘하죠. 어른들에게는 약간의 거부감과 함께 신선한 충격을 줍니다. 아 이들은 이상하게도 똥 모양을 좋아하고 재미있어합니다. 어찌 되었든 '똥빵'은 빵의 디자인으로는 참신하고 기발합니다.

　이제 '똥빵'과 관련된 디자인 이야기를 해보겠습니다. 주식회 사 쌈지는 2008년 9월 '똥빵'을 만드는 데 사용하는 다음과 같은 '빵 성형 틀'에 관한 디자인 등록을 신청하여 등록받았습니다. 이후 쌈지는 주식회사 '어린농부'에 디자인권을 양도합니다. 어린 농부는 2008년 11월경부터 서울 인사동 거리(일명 쌈지길)에서 '똥빵'을 만들어 판매했습니다. 이 '똥빵'은 재미있는 모양 덕분인 지 인사동에서 유명한 먹거리가 됩니다. 다만 '똥빵'의 성형 틀이 아닌 '똥빵' 자체는 디자인 등록을 하지 않은 상황이었습니다.

┃ 똥빵 성형틀에 대한 디자인권 ┃

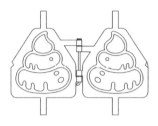

등록 디자인 제30-0541051호

여기서 잠깐 디자인권의 양도에 대해 알아보겠습니다. 쌈지는 디자인권을 어린농부에게 팝니다. 디자인권을 판다는 것이 좀 어색한 일이지요. 디자인권은 지식재산권 중의 하나입니다. 디자인, 상표는 일종의 재산권이며, 땅이나 아파트를 거래하는 것처럼 똑같이 사고팔 수 있습니다. 에스보드 사례에서 청년 발명가가 특허를 강신기 사장에게 양도한 것과 동일한 원리입니다. 누군가 디자인을 창작하였지만 사업을 하지 않는 경우가 있습니다. 이 경우 디자인권을 그대로 두기에는 아쉬움이 남습니다. 디자인권자가 사업을 하고자 하는 사람을 찾아서 디자인권을 거래하면, 디자인권을 파는 사람은 이익을 얻어서 좋고 사업하는 사람은 디자인을 활용할 수 있어 좋습니다. 모두에게 좋은 일이지요.

김○○ 씨는 2009년 12월 다음과 같은 빵 모양에 대해 디자인 등록을 신청하여 2010년 6월에 디자인 등록을 받았습니다. 어린농부가 디자인을 등록해두지 않은 상황에서 김○○ 씨가 디자인권을 가지게 된 것입니다. 어린농부는 김○○ 씨의 등록 디자인이 똥 모양 빵이라는 점에서 자신의 '똥빵'과 모티브가 비슷하다고 생각하였습니다. 이에 어린농부는 김○○ 씨의 등록 디자인을 무효로 해달라는 심판을 청구하였습니다. 디자인이 등록되었더라도 잘못 등록된 경우에는 무효가 될 수 있습니다. 이를 '디자인 등록 무효심판'이라고 부릅니다.

▎ 김○○ 씨의 '똥빵' 디자인 ▎

등록 디자인 제30-0565694호

어린농부는 2008년 12월 네이버 블로그 등에 게재된 자신의 '똥빵' 디자인과 김○○ 씨의 등록 디자인이 비슷하기 때문에 '새로운' 디자인이 아니라고 주장하였습니다. 자신이 판매한 '똥빵' 디자인이 이미 세상에 알려졌기 때문에, 김○○ 씨의 디자인이 새롭지 않다고 말한 것입니다. 구체적으로 어린농부는 2008년 네이버 블로그 등에는 '똥빵' 사진과 함께 "똥빵 생각만 해도 으~~ 하는 느낌, 먹으면서 어떤 생각이 들지 그 오묘함을 느끼고 싶었는데"라는 글이 사진과 함께 소개된 사실을 제출하였습니다.

| 네이버 블로그에 소개된 '똥빵' 사진 |

출처: 특허심판원 2011당2213 심결

어린농부는 자신의 '똥빵' 디자인이 식품(빵)에 사용하기 위한 모티브로 하기에는 꺼리는 똥 모양을 한 디자인이기 때문에 그야말로 참신하고 기발한 역발상적인 생각이고, 특이한 디자인에 해당하는 것이므로, 디자인이 비슷하게 보이는 정도를 폭넓게 인정해야 한다고 주장하였습니다. 특허심판원(2011당2213)에서도 두 디자인이 약간의 차이점이 있지만 비슷한 디자인이라고 판단하고, 김○○ 씨의 등록 디자인을 무효로 결정합니다.

그렇다면 똥 모양 빵의 디자인은 누구의 권리일까요? 김○○ 씨의 등록 디자인이 무효가 되었더라도, 어린농부가 디자인권을 가지는 것은 아닙니다. 즉, 똥 모양 빵에 대한 디자인은 주인이 없기 때문에 어린농부와 김○○ 씨 모두 자유롭게 사용할 수 있습니다.

> **누구도 디자인을 등록하지 않은 상태에서
> 디자인이 세상에 알려지고 시간이 흐르면,
> 누구나 사용할 수 있는 디자인이 됩니다.**

2012년 어린농부는 다음과 같은 상표를 신청하여 등록받았고, 서울 인사동 거리에서 2008년부터 현재까지 '똥빵'을 계속 판매하고 있습니다. 비록 어린농부는 디자인을 등록하지 않았지만, 상표권을 확보한 것은 다행스러운 일입니다. 아마도 어린농부는 디자인 분쟁의 경험을 통해 교훈을 얻었을지도 모릅니다.

▌ 어린농부의 똥빵 상표권 ▌

상표등록 제40-0965128호

한편, 현재 휴게소 등에서 다음과 같은 '똥빵'이라는 브랜드로 프랜차이즈 가맹점이 많아지고 있습니다. 똥 모양 빵에 대한 김 ○○ 씨의 디자인권이 무효로 되었지만, 김○○ 씨는 (주)코끼리와 친구들이라는 회사를 통하여 '똥빵' 프랜차이즈 사업을 활발히 진행하고 있습니다. 특히 똥 모양 빵은 아니지만 다음과 같은 빵 모양에 대한 디자인권을 확보하여 사업을 보호하는 동시에 프랜차이즈 비즈니스에 활용하고 있으며, 이는 지식재산을 경영에 활용하여 성공한 사례라 할 수 있습니다.

┃ 동빵의 다양한 상표권 ┃

상표등록 제40-0851317호, 제40-0870838호, 제40-0957147호, 제40-0958729호

┃ 동빵의 다양한 디자인권 ┃

등록 디자인 제30-0580347호, 제30-0565696호

어린농부 입장에서 김○○ 씨의 등록 디자인이 무효가 된 것은 그나마 다행스러운 일입니다. 만일 어린농부가 '똥빵' 디자인을 등록했다면 어떻게 되었을까요? 특허심판원에서는 "어린농부의 '똥빵' 디자인은 빵에 관한 디자인으로 사람이 먹는 식품에 관한 디자인이므로 그 모양을 똥 모양으로 하는 것은 특이한 경우이고 참신하고 독창적인 디자인이므로 비슷한 범위를 폭넓게 인정해야 한다"라고 이야기했습니다. 이러한 논리에 따르면, 어린농부가 '똥빵' 디자인을 등록했다면 김○○ 씨는 디자인 등록에 실패했을 것이며 분쟁도 발생하지 않았을 것입니다. 더 중요한 것은 어린농부가 디자인권을 이용하여 사업을 확장하는 계기를 마련할 수도 있었다는 점입니다. 어쨌든 이 부분은 어린농부 입장에서 상당히 아쉬운 대목입니다.

> **참신하고 독특한 디자인을 든든한 재산으로 만들고,
> 디자인권을 경영에 활용하는 지혜가 필요합니다.**

대한민국 디자인 역량에
프리미엄을 더하자

우리는 앞에서 토끼 귀 모양의 스마트폰 케이스 디자인과 '똥빵' 디자인을 함께 이야기했습니다. 대한민국의 디자인 역량은 엄청난 것 같습니다. 뛰어난 역량에 이제 프리미엄을 더할 방법을 함께 고민해보시죠.

우리에게는 기술도 중요하지만, 최근에는 디자인의 중요성이 강조되고 있습니다. 기술력이 쉽게 동등해지면서 사람의 감성을 자극하는 디자인이 제품의 경쟁력이 됩니다. 토끼 모양 스마트폰 케이스 디자인과 '똥빵' 디자인 모두 그렇습니다. 디자인이 혁신의 중심이 된 것이지요. 하지만 두 가지 사례는 크게 대비됩니다. 토끼 모양의 스마트폰 케이스는 전 세계적으로 성공을 거둔 반면 '똥빵' 디자인은 단지 원조라는 이름만 남았습니다. 두 사례의 차이점은 제품의 경쟁력인 디자인을 권리로 주장하여 재산으로 만들었는가 여부였습니다.

디자인권 그 자체는 큰 의미가 없습니다. 하지만 독특한 디자인이 소비자에게 사랑받기 시작하면 디자인권은 강력한 힘을 발휘할 수 있습니다. 즉, 혁신적인 제품은 디자인의 모방이 뒤따르게 되고, 이러한 모방을 막기 위해 디자인권은 필수적입니다. 결국 디자인권은 우후죽순처럼 출현하는 모조품을 막아주기 때문에, 사업을 지켜주는 보호막의 역할을 합니다. 디자인 보호 제도가 존재하는 이유이기도 하지요.

> **새로운 디자인이 제품화되어 사업의 결실을 보는 순간,
> 디자인권과 제품은 불가분의 관계가 됩니다.**

앞에서 설명한 사례를 개념화하면 다음과 같습니다. 이를 '혁신 시스템'이라고 불러보지요. 혁신 시스템은 창작 활동, 디자인 창출, 디자인권 그리고 디자인권 이전, 사업화가 선순환하는 구조로 있습니다. 디자인권자가 직접 사업을 하지 않고 디자인권 라이선스를 통하여 로열티를 받을 수 있으며, 어린농부의 사례처럼 디자인권을 양도할 수도 있습니다. 물론 디자인권자가 디자인권을 양도하지 않거나 라이선스를 주지 않고 직접 사업화할 수 있습니다. 사업은 디자인권에 의해서 보호받을 수 있고, 사업을 통한 수익은 창작 활동에 다시 투입되어 디자인 창작 활동을

지속할 수 있게 해줍니다. 라비또의 경우 디자인권으로 토끼 모양 스마트폰 케이스 사업을 보호할 수 있었고, 여기서 나온 수익이 머그컵, 빈백(bean bag) 소파, 유아용 의자, 케이블 홀더, 모니터 메모 보드의 디자인을 창출하는 밑거름이 되었습니다. 결국 혁신 시스템의 선순환 구조는 사업의 지속성을 보장하는 역할을 합니다.

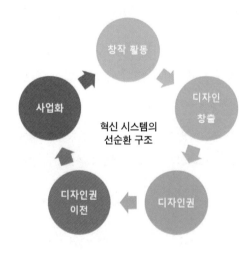

대한민국의 디자인 역량은 대단하지만, 사회적 분위기는 디자인을 아무 거리낌 없이 모방하고 있습니다. 이런 상황에서 디자인권을 확보하지 않으면, 독특한 디자인 제품이 세상에 나오자

마자 모조품과 저가 공세에 휘말릴 수밖에 없습니다. 우리의 디자인 역량에 디자인권이 결합한다면, 혁신 시스템이 정상적으로 가동되어 한국에서 사업을 보호받고 세계에 진출할 수 있습니다. 결국 우리의 디자인 역량이 한국 경제를 성장시킬 수 있는 원동력이 될 것입니다. 대한민국의 디자인 역량에 프리미엄을 더하기 위해 디자인권의 중요성을 인식해야만 합니다.

라비또가 스마트폰 케이스 사업을 활성화하자, 많은 사람이 동물 캐릭터 디자인을 결합한 스마트폰 케이스 디자인을 선보였습니다. 특허청에 따르면 곽미나 대표가 2010년 토끼 모양 스마트폰 케이스를 디자인 등록을 신청한 후, 2010년 5건이었던 디자인 등록 신청이 2011년에는 100건으로 증가합니다. 스마트폰 케이스 디자인은 토끼, 동물 귀, 돼지, 사람, 펭귄 등 다양한 동물 캐릭터와 결합하여 발전됩니다. 결국 혁신적인 디자인이 새로운 제품 시장을 만들어냅니다. 디자인 등록 신청 건수가 기하급수적으로 증가했다는 것은 혁신적인 디자인이 소비자에게 폭발적인 호응을 얻었다는 것을 방증하는 결과입니다.

> " 디자인을 포함하는 지식재산권의 순기능으로서,
> 혁신적인 디자인은 또 다른 디자인을 낳게 하는 단서를 제공합니다. "

┃ 동물 캐릭터 디자인이 결합된 스마트폰 케이스 디자인들 ┃

등록 디자인 제30-0635759호, 제30-0622373호, 제30-0635137호, 제30-0602605호, 제30-0621359호

    이러한 현상을 보면, 라비또는 다소 불만족스러울 수 있습니다. 다양한 디자인권이 여러 기업에 분산되고 시장 지배력이 약화하기 때문입니다. 하지만 사회 전체에 이로운 것은 분명합니다. 마이클 골린(Micheal A. Gollin) 교수가 『Driving Innovation』이라는 저서에서 이노베이션 숲(Innovation forest)이라는 이미지로 혁신의 사이클을 설명했듯이, 하나의 창작 활동이 씨앗이 되어 단지 하나의 디자인권으로 성장한다고 설명하는 것만으로는 부족합니다. 즉, 하나의 창작 활동이 성장하여 혁신적인 디자인으로 성공하면, 이 디자인으로 인하여 많은 디자인들이 탄생하고 함께 성장하며 숲을 이루게 됩니다. 이 숲속에서 다른 창작 활동의 씨앗이 싹을 틔울 수 있는 비옥한 토양이 대한민국에 조

성됩니다. 다양한 성장 단계의 디자인들이 존재하게 되고, 이러한 과정에서 발명과 브랜드들과 함께 울창한 숲을 이루게 됩니다. 결국 혁신 시스템과 울창한 지식재산 숲은 자원이 부족한 대한민국 경제의 활력이 될 것입니다.

디자인권의 창출과 활용은 요즘 같은 시대에는 필수적입니다. 끊임없는 창작 활동과 사업화에 따른 이익의 창출 뒤의 디자인권은 보험처럼 든든한 역할을 합니다. 디자인권은 사업의 위험 요소를 제거하여 기업의 이익을 극대화하는 데 이용됩니다. 기업이 어려움에 부닥치면 자산으로 활용할 수도 있습니다. 이제 제조와 기술 중심에서 벗어나, 디자인까지 아우르는 경영이 필요한 시점입니다. 디자인과 관련된 지식재산권은 대한민국 혁신 역량에 프리미엄을 더할 것입니다.

디자인권이 있다고 모든 것이 해결되지는 않습니다.
" **그렇다고 디자인권을 중시하지 않으면** "
아무것도 이루지 못할 수 있습니다.

혁신적인
디자인의
보호가
우선이다

2

P A R T

디자인 모방품
때문에
고민입니다

등록하지 않은 디자인도
보호될까?

디자인권은 디자인 등록을 신청하고 등록되어야 발생합니다. 한국은 「디자인보호법」이라는 법률에서 디자인권을 규율하고 있습니다. 그런데 등록되지 않은 디자인도 보호받을 수 있을까요? 등록되지 않은 디자인은 「디자인보호법」을 적용할 수 없고, 다만 부정경쟁행위인지를 따지게 됩니다. 결론적으로 등록된 디자인은 디자인권으로 보호받고, 미등록된 디자인은 다른 사람에 대하여 부정경쟁행위를 주장할 수 있습니다.

여러분은 디자인을 완성하고 어떤 선택을 하시겠습니까?

▌ 디자인 등록과 미등록의 갈림길 ▌

특허청이 부정경쟁행위를 판단하고 시정 권고 조처를 내린 사례를 살펴보겠습니다. '이그니스'라는 회사는 2016년 9월 식사 대체 제품(분말에 물을 섞어서 섭취하는 방식)인 '랩노쉬'를 출시했습니다. '엄마사랑'이라는 업체가 2017년 8월부터 '식사에 반하다'라는 제품을 판매하자, 이그니스와 엄마사랑 양측은 모방 여부에 대한 공방을 벌였습니다. 이때 '랩노쉬' 제품의 디자인은 등록되지 않은 채 판매되고 있었습니다.

┃ 랩노쉬와 식사에 반하다 제품 비교 ┃

출처: 랩노쉬 홈페이지

이에 특허청은 '식사에 반하다'라는 제품이 '랩노쉬'의 상품 형태를 모방하였는지 조사하였습니다. 특허청은 양 상품이 용기 형태, 용기에 부착된 수축라벨 디자인, 분말 형태인 내용물 등의 개별 요소들뿐만 아니라 이들 요소가 결합한 전체 형태도 실질적으로 동일하다고 판단하고, 엄마사랑의 '식사에 반하다'라는 제품은 '랩노쉬'의 상품 형태를 모방하였다고 결론 내립니다. 2017년 12월 특허청은 '식사에 반하다'라는 제품의 생산 및 판매 중지를 포함한 시정 권고 조처를 내립니다. 이러한 특허청의 행정적 조치는 첫 사례에 해당합니다.

새로운 제품이 출시되어 인기를 끌면 모방 제품이 난립하게 됩니다. 선발주자는 일반적으로 제품을 출시하기까지 많은 시간과 비용을 투자합니다. 하지만 후발주자는 선발주자의 결과물을 그대로 이용하고 소비자를 혼란에 빠트립니다. 결과적으로, 선발주자가 후발주자보다 더 불리한 상황에 놓이게 되지요. 이러한 상황은 선발주자를 보호할 필요성을 명확히 보여줍니다. 만일 후발주자가 선발주자보다 자금력이나 영업력이 뛰어나면 문제는 더욱 심각해지겠지요. 제품의 형태나 디자인은 모방이 쉬운 특징이 있고, 우리나라에서 모방 제품 또는 미투(Me-Too) 제품이 출현하는 경향은 만연해 있는 현실입니다. 따라서 사업의 초기 단계에서 디자인권을 확보하는 것이 중요하지만, 랩노쉬 제품 사례처럼 디자인권을 확보하지 않는 경우도 다수 발견되고 있습니다.

다른 사람의 상품 형태를 모방하는 행위, 즉 데드 카피(dead copy)는 부정경쟁행위에 해당합니다. 이때 선발주자는 소송을 할 수 있지만, 많은 시간과 비용이 소모됩니다. 좀 더 간편한 방법은 랩노쉬 제품 사례처럼 행정기관인 특허청이 판단하도록 신고하는 것입니다. 이렇게 하면 분쟁 비용도 절약하면서 빠른 판단을 받을 수 있습니다.

이러한 부정경쟁행위는 제한적으로 인정됩니다. 부정경쟁행위는 상품의 형태를 데드 카피 한 정도로 동일한 디자인이어야 하며, 상품의 형태를 갖춘 후 3년이 지나지 않아야 인정됩니다. 다시 '똥빵' 사례로 돌아가 보겠습니다.

▌ 어린농부의 '똥빵'과 김○○ 씨의 똥 모양 빵 디자인 비교 ▌

출처: 특허심판원 2011당2213심결, 무효디자인 제30-0565694호

두 디자인이 똑같다고 할 수 있을까요? 똑같은지 비슷한지 다른 것인지 굉장히 애매합니다. 특허심판원에서 김○○ 씨의 오른쪽 '똥빵' 디자인은 어린농부의 왼쪽 '똥빵' 디자인과 비슷하다고 하였습니다. 물론 이 정도면 똑같은 것 아니냐고 할 수도 있겠지요. 어찌 되었든 특허심판원의 판단처럼, 디자인이 '비슷'하다면 데드 카피라고 할 수 없으므로, 어린농부는 랩노쉬 제품 사례처럼 부정경쟁행위를 주장할 수 없습니다. 요즘은 참신한 디자인이 소비자에게 호응을 얻더라도 그 디자인을 그대로 베끼는 경우는 드문 것 같습니다. 변형된 디자인이 적용된 제품을 데드 카피 된 제품으로 볼 수 있을지 애매한 경우가 많습니다.

또한 '똥빵'은 2008년 11월부터 인사동 거리에서 판매되기 시작했습니다. 상품 형태를 갖춘 후 3년은 2011년 11월이라고 할 수 있기 때문에, 이후에 누군가 데드 카피 제품을 팔더라도 제재할 수 없습니다. 김○○ 씨의 똥 모양 빵에 대한 디자인 등록 신청일은 2009년 12월이고 디자인 등록일은 2010년 6월이며, 어린농부와 김○○ 씨 사이의 디자인 무효심판은 2012년 5월에 특허심판원에서 결론이 납니다. 무효심판에 대한 결론은 상품 형태를 갖춘 후 3년이 지난 시점에 나온 것이지요. 이렇듯 디자인 분쟁이 있었던 사례들을 보면 3년이라는 기간이 생각보다 굉장히 짧게 느껴집니다.

> **부정경쟁행위는 상품의 형태를 데드 카피 한 정도로
> 동일한 디자인이어야 하며,
> 상품의 형태를 갖춘 후 3년이 지나지 않아야 인정됩니다.**

디자인이 등록되면 비슷한 디자인에도 디자인권을 행사할 수 있습니다. 디자인이 등록되려면 비슷한 기존 디자인이 없어야 한다는 것과 동일한 논리입니다. 김○○ 씨의 '똥빵' 디자인이 등록되었지만, 신사동에서 비슷한 디자인인 '똥빵'이 판매되었다는 이유로 무효가 된 것도 마찬가지입니다. 만일 어린농부가 '똥빵' 디자인을 권리로 확보했다면 어떻게 되었을까요? 특허심판원은 어린농부의 '똥빵' 디자인은 빵에 관한 디자인으로서 사람이 먹는 식품에 관한 디자인이므로 그 모양을 똥 모양으로 하는 것은 특이한 경우이며 참신하고 독창적인 디자인에 해당하는 것이므로 유사 범위의 폭을 넓게 보아야 하고, 두 디자인은 전체적으로 느껴지는 심미감이 비슷한 디자인이라고 판단하였습니다. 따라서 어린농부가 '똥빵' 디자인을 권리로 확보했다면, 김○○ 씨의 똥 모양의 제품은 어린농부의 '똥빵' 디자인과 비슷하다는 이유로 김○○ 씨의 제품을 팔지 못하도록 할 수 있었습니다. 이 부분은 어린농부 입장에서 상당히 아쉬운 대목입니다. 즉, 디자

인권은 똑같은 디자인뿐만 아니라 비슷한 디자인에 대한 제품도 제재할 수 있지만, 부정경쟁행위는 데드 카피로 볼 수 있는 제품만 대응할 수 있습니다.

디자인권의 또 다른 장점은 권리가 존속하는 기간입니다. 디자인권은 디자인 등록이 신청된 날부터 20년 동안 유효하지만, 부정경쟁행위는 제품 형태를 갖춘 후 3년 동안만 유효한 조처를 취할 수 있습니다. 또한 디자인 등록을 신청할 때, 다양한 제도를 이용할 수 있습니다. 특히 신청인은 상품 형태에서 가장 중요한 부분을 특정할 수 있습니다. 뒤에서 다시 설명하겠지만, '부분 디자인' 제도라고 합니다. 부분 디자인 제도를 활용하면, 디자인의 주요 부분을 모방하면서도 약간의 변형을 통해 모방하지 않았다고 주장하는 것을 미연에 방지할 수 있습니다. 상품 형태의 모방 행위가 그대로 베끼지 않고 다양한 변형으로 이루어질 수 있다는 현실을 감안했을 때, 부분 디자인 제도는 넓은 권리 범위의 디자인권을 확보하는 전략으로 활용될 수 있습니다. 이러한 장점을 감안하여 디자인이 완성되면 제품의 수명 주기나 사업 예산 등을 검토하여 디자인을 등록할지 말지를 결정해야겠습니다.

**디자인권은 비슷한 디자인에도 효력이 미치고,
20년 동안 권리를 유지할 수 있습니다.**

한편 디자인권이 없더라도 저작권을 주장할 수 있는 경우가 있습니다. 가장 유명한 사건은 히딩크 넥타이 사건입니다. 2002년 월드컵에서 히딩크 감독이 다음 페이지의 사진과 같은 넥타이를 착용하면서 '히딩크 넥타이'로 불리게 됩니다. 피고인 한국관광공사가 오른쪽의 넥타이를 제작하자 저작권 분쟁이 발생합니다. 원고는 디자인권이 없었기 때문에 저작권을 주장할 수밖에 없었습니다. 히딩크 넥타이에는 태극문양과 팔괘 문양으로 이루어진 모양이 연속적으로 반복되어 있는데, 원고는 이를 저작물이라고 주장하였으나 1, 2심에서 모두 패소하였고 대법원 판단까지 받게 되었습니다. 대법원(2003도7572)은 태극문양과 팔괘 문양이 넥타이라는 물품과 구분되어 독자성이 인정되는 '응용미술저작물'이라고 판단하여 원고의 손을 들어 주었습니다.

| 원고의 히딩크 넥타이와 피고의 넥타이 디자인 |

출처: 특허청 디자인맵, http://cafe.naver.com/lesamis/25

　　원고가 저작권을 주장하여 대법원까지 소송을 진행하면서 어렵게 승소하였지만, 저작권은 디자인권과 비교할 때 많은 단점을 가집니다. 저작권은 창작과 동시에 권리가 발생되며 특정 물품에 제한되지 않지만, 분쟁이 발생한 경우 다른 사람이 모방하였다는 점을 입증해야 하며 모방하지 않은 경우에는 비슷한 저작물이 동시에 존재할 수 있습니다. 반면 디자인권은 모방 여부와 관계없이 늦게 디자인을 창작하여 권리를 가지는 자체를 차단하는 효과가 있습니다. 히딩크 넥타이 사건에서 원고가 대법원까지 소송을 진행하면서 분쟁을 해결하고 있는데, 디자인권이 있었다면 디자인이 비슷하다는 이유로 쉽게 해결될 수 있었을 것입니다. 저작물은 저작권과 디자인권으로 중첩적으로 보호받을 수 있으므로, 저작권자는 디자인을 등록하여 재산을 만들어야 한다는 점을 기억해두어야겠습니다.

> **저작권과 비교할 때,**
> **디자인권은 후발 주자의 디자인 자체를 차단하는 효과가 있으며,**
> **디자인권을 주장하면 분쟁이 쉽게 해결될 수 있습니다.**

저작물과 관련되는 '캐릭터'에 대해 알아보겠습니다. 캐릭터는 저작물이므로 창작과 동시에 저작권이 발생합니다. 하지만 저작물의 모방이 발생하여 분쟁이 생기면 저작자나 창작 시기에 대한 입증의 어려움이 있으므로 저작물을 미리 등록해두는 편이 낫습니다. 한국저작권위원회에 저작물을 등록할 수 있으며, 디자인권과 다르게 심사 과정은 없습니다. 2013년 카카오는 카카오프렌즈의 캐릭터인 무지, 네오, 어피치, 콘, 프로도, 튜브, 제이지에 대해 한국저작권위원회에 미술저작물로 등록하였습니다. 예를 들어, 무지는 저작자가 카카오이며, 창작일은 2012년 11월임을 명시하여 등록번호 C-2013-018792로 등록해두었습니다. 캐릭터의 명칭은 저작물로 인정되지 않습니다. 카카오프렌즈인 '무지'라는 명칭은 상표로 등록될 수는 있어도 저작권을 주장할 수는 없습니다.

캐릭터는 저작권으로 보호될 수도 있지만, 물품을 지정하면 디자인권으로 보호할 수 있습니다. 다음과 같이 카카오프렌즈 캐릭터를 인형 또는 완구라는 물품으로 디자인을 등록하였습니다.

▎카카오프렌즈 캐릭터에 대한 디자인권 ▎

등록 디자인 제30-0751204호, 0753666호, 0753669호, 0753668호, 0753665호, 0751205호, 0753667호

캐릭터를 디자인권으로 보호하기 위해서 물품마다 일일이 등록 절차를 받는 것은 상당한 시간과 비용이 들겠지요. 사업과 밀접하게 관련되는 물품에 디자인을 등록하고, 나머지 물품은

화면에 나타나는 디자인(뒤에서 설명하는 화상 디자인), 전사지 등으로 보호를 시도할 수 있습니다.

> " 캐릭터는 저작권과 디자인권으로 중첩적으로 보호되므로,
> 사업 규모와 예산 상황에 따라
> 적절히 지식재산권을 확보하는 지혜가 필요합니다. "

파리바게뜨,
디자인 등록을 신청하기 전에
치즈 케이크를 판매하다

파리바게뜨는 다음과 같은 치즈 케이크를 출시합니다. 경쟁 관계인 뚜레쥬르도 치즈 케이크를 판매하면서, 치즈 케이크를 둘러싼 디자인 분쟁이 발생하게 됩니다. 이 디자인 분쟁에 숨어 있는 디자인 제도의 원리를 함께 살펴보겠습니다. 파리바게뜨는 다음과 같은 '케이크용 포장 케이스' 디자인을 2009년 7월 9일 디자인 등록을 신청하여 파리크라상의 명의로 등록(제30-0538358호)하였습니다. 뚜레쥬르는 파리바게뜨의 등록 디자인과 비슷해 보이는 케이크용 포장 케이스를 사용하였습니다.

┃ 파리바게뜨의 등록 디자인과 뚜레쥬르가 사용한 디자인 ┃

출처: 특허심판원 2009당2880 심결

여러분, 두 디자인이 비슷해 보이시나요? 어쩌면 두 회사 입장에서 비슷한지는 중요하지 않았을 겁니다. 치열하게 경쟁하고 있는 두 회사는 디자인권을 놓고 다툴 수밖에 없습니다. 이렇게 디자인이 등록되어 디자인권 분쟁이 발생하면 보통 쌍방은 이렇게 말합니다.

디자인권자는 '당신이 사용하는 디자인은 내 디자인과 비슷하니까 나의 디자인 권리범위 안에 있다'라고 주장합니다. 어려운 말로 '디자인 권리 범위 확인심판'이라고 합니다. 상대방은 "당신의 디자인권은 등록된 것 자체가 잘못되었으니 디자인권은 무효다'라고 반격합니다. 이를 '디자인 등록 무효심판'이라고 하지요. 파리바게뜨와 뚜레쥬르도 마찬가지 상황에 부닥칩니다. 파리바게뜨는 디자인 권리범위 확인심판을 청구하였고, 뚜레쥬르는 디자인 등록 무효심판을 청구하였습니다.

┃ 파리바게뜨와 뚜레쥬르의 디자인 분쟁 ┃

파리바게뜨는 앞에서 보여준 등록 디자인과 비슷한 디자인을 추가로 등록시켰습니다. 그것도 4개를 말이죠. 이렇게 기본적인 디자인과 비슷한 여러 개의 디자인을 등록해두면, 기본적인 디자인을 변형하여 모방하는 것을 방지할 수 있습니다. 물론 4개의 디자인을 추가로 등록하였으니, 그만큼 비용도 많이 투자하였습니다. 파리바게뜨는 5개의 디자인권으로 뚜레쥬르를 공격한 셈입니다. 뚜레쥬르는 상당히 부담스러웠을 겁니다.

| 파리바게뜨가 추가로 등록한 디자인들 |

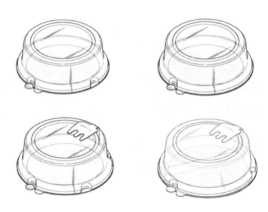

등록 디자인 제30-0538358호 유사디자인

뚜레쥬르는 이 위기를 모면하기 위하여 등록 디자인을 없애야
합니다. 뚜레쥬르는 파리바게뜨가 디자인 등록을 신청하기 전에
이미 포장 케이스가 네이버 블로그에 올라와 있는 것을 발견하
게 됩니다. 파리바게뜨의 디자인 등록 신청일은 2009년 7월 9일
인데, 네이버 블로그에 다음 사진이 올라온 날은 2009년 7월 4
일과 2009년 7월 6일이었습니다. 디자인 등록을 위한 신청일보
다 먼저 네이버 블로그에 사진이 올라와 있었던 것이죠.

┃ 네이버 블로그에 소개된 치즈 케이크 사진 ┃

출처: 특허심판원 2009당2880 심결

세상 사람들이 다 아는 새롭지 않은 디자인은 권리로 등록받
을 수 없습니다. 더 쉽게 말하면, 이미 세상에 알려져 새롭지 않
은 디자인에 대하여, 다른 사람이 만들거나 팔지 못하도록 나에

게 권리를 달라고 디자인 등록을 신청한다면 받아들일 수 없습니다. 너무도 당연한 이야기입니다. 새로운 디자인이어야 한다는 것은 권리로 등록될 최소한의 조건입니다. 전문가들은 이를 '신규성'이라고 부릅니다. 디자인 등록을 신청한 날을 기준으로 그 전에 세상에 알려졌는지가 중요한 이유입니다.

> **"** **디자인 등록을 신청한 날은 디자인이 새로운지 아닌지 여부를 가리는 기준일이 됩니다. "**

뚜레쥬르는 파리바게뜨의 등록 디자인이 새롭지 않은 디자인이므로 잘못 등록된 것으로 무효화시켜야 한다고 주장하였습니다. 파리바게뜨는 이에 대해 아무런 답변을 하지 못하였습니다. 결국 파리바게뜨의 등록 디자인은 무효로 확정되었습니다. 일련의 과정을 종합해보면, 파리바게뜨는 디자인권을 신청하기 전에 치즈 케이크 제품을 판매하였기 때문에 디자인권이 무효로 되었던 것입니다.

자신이 창작한 디자인을 적용하여 제품을 판매했다는 이유로 등록된 디자인이 무효로 된다는 것은 선뜻 이해하기 어렵습니다. 이러한 상황에서 디자인권이 무효가 되면 자살골이나 마찬가지입니다. 디자인권자에게는 가혹한 일입니다. 오히려 디자인을 창작해서 이를 세상에 알렸으니 어떤 권리를 가져야 하지 않을까요? 다른 사람의 입장에서 생각해봅시다. 세상에 알려진 더 이상 새롭지 않은 디자인이고 이 디자인이 권리로 등록되어 있지 않으므로 마음대로 사용할 수 있다고 생각할 것입니다.

이러한 입장 차이는 어떻게 조율해야 할까요? 디자인을 창작한 사람을 보호하면서, 다른 사람이 예측할 수 있는 제도가 마련되어야 합니다. 타협점은 디자인 등록을 신청하기 전에 이를 세상에 알렸다면, 디자인이 새롭지는 않지만 만일 일정 기간 내에 디자인 등록을 신청한다면 문제 삼지 말고 디자인권을 부여해주자는 것입니다. 이렇게 하면 디자인을 창작한 사람을 보호할 수도 있고, 일정 기간이 지나도록 디자인 등록을 신청하지 않았다면 다른 사람도 마음대로 사용할 수 있게 됩니다.

이 일정한 유예기간, 즉 디자인을 세상에 알리고 디자인 등록을 신청해야 하는 기간은 나라마다 다릅니다. 보통 6개월 또는 1년입니다. 한국, 일본, 미국은 1년이며, 중국은 6개월입니다. 이러한 유예기간을 두는 것 자체가 디자인을 창작한 사람을 보호하는 입장에 좀 더 치우쳐 있음을 의미합니다. 물론 일정 기간이 길어질수록 디자인을 창작한 사람이 유리해집니다. 다음의 그림에서 '공지'는 세상에 디자인을 알리는 행위를 의미합니다. 디자인이 공지되면 새로움, 즉 '신규성'이 상실된다고 법에서는 표현합니다. 이렇게 유예기간 내에 디자인 등록을 신청하면, 디자인을 심사할 때 디자인이 공지된 사실을 무시하게 됩니다. 이러한 상황에 대해 '예외적으로 신규성이 상실되지 않았다'고 말합니다. 이를 '신규성 상실의 예외'라고 부릅니다.

▌ 신규성 상실의 예외 유예기간 ▌

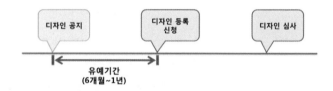

> **디자인 등록을 신청하기 전에 디자인을 세상에 알렸다면**
> **반드시 1년 내에 디자인 등록을 신청해야 합니다.**

파리바게뜨가 디자인 등록을 신청한 2009년 당시에는 디자인을 세상에 알렸다는 사실을 '디자인 등록을 신청할 때' 반드시 특허청에 제출했어야 했습니다. 좀 엄격한 절차였지요. 보통 이

러한 법적 절차를 모르기 때문에 디자인 등록을 신청할 때 특허
청에 사실 자료를 제출하지 않은 경우가 많았습니다. 파리바게
뜨도 동일한 실수를 한 것 같습니다. 이러한 실수로 디자인이
보호받지 못하는 경우가 많았기 때문에 지금은 '디자인 등록을
신청할 때'에 반드시 디자인을 세상에 알렸다는 사실을 제출하
지 않아도 되도록 제도를 개선했습니다. 나중에 분쟁이 발생하
거나 문제가 생기면 그때 제출해도 됩니다.

　다만 해외에 디자인 등록을 신청해야 한다면 주의가 필요합니
다. 아직도 디자인을 세상에 알렸다는 사실을 '디자인 등록을
신청할 때' 반드시 특허청에 제출해야 하는 나라는 많습니다. 예
를 들면, 중국과 일본이 그렇습니다. 이러한 절차를 지키지 않으
면, 한국에서는 디자인 등록을 받았을 수 있었지만, 중국이나
일본에서 디자인 등록을 받을 수 없게 된다는 뜻입니다.

　한국, 미국, 유럽, 일본에서는 디자인 등록을 신청하기 전에
어떤 방식으로 세상에 알렸는지 따지지 않고, 1년 내에 디자인
등록을 신청하면 보호해줍니다. 하지만 중국은 엑스포(EXPO)와
같은 국제적인 박람회에 출품한 형태로 디자인을 세상에 알린
경우에만, 예외적으로 디자인 등록을 받을 수 있습니다. 만일
디자인 등록을 신청하기 전에 인터넷에 올리거나 제품을 판매하

면 중국에서는 디자인 등록을 받을 수 없습니다. 이런 방식으로 세상에 알리는 순간 중국 디자인권은 포기한 것이지요. 요즘은 중국에 디자인을 가장 많이 등록하고 있습니다. 국제적인 박람회에 출품하였더라도 한국과 중국에 디자인을 등록해야 한다면 복잡한 문제들이 발생합니다. 디자인이 공지되면 한국의 디자인 신청 유예기간은 1년이지만, 중국의 디자인 신청 유예기간이 6개월입니다. 한국 디자인 신청 유예기간이 1년이므로 여유롭게 신청 절차를 진행하다가 중국에 디자인 등록을 신청할 기회조차 상실할 수 있습니다.

│ 한국과 중국의 신규성 상실의 예외 유예기간 │

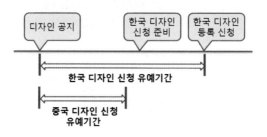

즉, 신규성 상실 예외의 규정은 '예외'적으로 인정되는 제도일 뿐이며 디자인 등록을 신청하기 전에 공지해서는 안 되는 많은

이유가 존재합니다. 우리는 '예외'로 인정된 제도를 '원칙'으로 생각해서는 안 됩니다. 가장 바람직한 디자인 보호는 디자인 등록을 신청하기 전에 공지하지 않는 것입니다. 디자인 등록을 신청하는 데 많은 시간이 소요되지 않으므로 창작자 또는 신청인이 조금만 주의를 기울인다면 공지 전 디자인 등록의 신청이 가능합니다.

이제까지 살펴본 것처럼, 디자인 등록을 신청하기 전에 디자인을 세상에 알리면 너무 복잡한 일들이 생깁니다. 할 수만 있다면 디자인 등록을 신청하고 디자인을 세상에 알리십시오. 가장 마음이 편한 방법입니다.

> **❝** 제품을 출시하거나 디자인을 홍보하기 전에
> 디자인 등록을 신청하는 것이 가장 바람직합니다. **❞**

디자인권,
내가 가지기는 싫은데
남이 가질까 봐 걱정된다면?

창작된 디자인은 다양한 방법으로 보호될 수 있습니다. 앞에서 설명한 것처럼, 창작된 디자인은 디자인을 등록하지 않더라도 제품을 출시하면 모방한 사람에게 부정경쟁행위를 주장할 수 있습니다. 반면 창작된 디자인이 등록되면 디자인권으로 사업을 보호할 수 있습니다.

이러한 경우 외에도 자신이 창작한 디자인을 군이 시간과 비용을 들여서 디자인을 등록하고 싶지 않은 경우도 있습니다. 또는 디자인이 기존 디자인과 너무 비슷하여 등록받지 못할 것 같기도 하고, 사업을 하지 않을 것으로 예상되는 경우도 있습니다. 하지만 자신이 창작한 디자인을 다른 사람이 가질까 봐 걱정될 수 있겠지요. 한마디로 내가 권리로 가지기도 싫고 남이 가질까 봐 걱정되는 경우입니다. 이러한 경우에는 디자인을 세상에 알리면 됩니다. 가장 간단한 방법은 디자인을 인터넷에 올려두는 것이지요. 앞에서 설명해 드린 것처럼, 법에서는 이러한 경우를 디자인이 '공지'되었다고 말합니다. 자신이 제품을 출시 또는 판매하는지 여부와 관계없이, 디자인이 세상에 알려지면 더 이상 새롭지 않은 디자인이 되어, 다른 사람이 이 디자인을 등록받을 수 없습니다.

요약하면, 디자인을 창작한 후 디자인을 등록할 수도 있고, 디자인을 등록하지 않고 제품을 출시할 수 있으며, 디자인을 단순히 세상에 알릴 수 있습니다. 디자인 등록을 신청하면서 제품을 출시할 수도 있습니다. 또는 제품을 출시하지 않고 단순히 디자인을 세상에 알릴 수 있겠습니다. 물론 제품을 출시하면 디자인을 세상에 알린 것과 마찬가지입니다. 세 가지 경우가 명확히 구별되지 않고 중첩되는 영역이 있다고 이해해야 합니다.

▎디자인을 보호하는 다양한 방법 ▎

> **창작자는 자신의 디자인을 디자인권으로 보호할지,**
> **디자인을 등록하지 않고 제품을 출시할 것인지,**
> **단순히 디자인을 세상에 알릴지를 선택할 수 있습니다.**

보통 디자인을 자신이 창작했고 '공지'했다는 사실을 증거로 확실히 남기고 싶어 합니다. 이를 위하여 한국디자인진흥원에서 '디자인공지증명' 제도를 운용하고 있습니다. 이를 통해 디자인의 창작 사실을 대외에 공지할 수 있습니다. '디자인공지증명'은 1~3일 내에 처리되고 20,000원의 저렴한 비용(학생은 무료)으로 처리할 수 있습니다. '디자인 공지증명'이 완료되면 한국디자인진흥원에서 발급되는 다음과 같은 디자인 공지 증명서까지 받을 수 있습니다. 이러한 증명서는 창작된 디자인을 비즈니스에 활용하는 데 큰 도움이 될 수 있습니다. 혹시라도 비즈니스를 위하여 어쩔 수 없이 창작된 디자인을 제시할 때 증명서를 함께 보여준다면, 상대방은 모방이나 탈취할 생각을 하지 않을 테니까요.

▎ 디자인 공지증명서 ▎

출처: 한국디자인진흥원 홈페이지

> 자신이 디자인을 창작했다는 사실과 시기를
> '디자인 공지 증명서'로 남기고,
> 비즈니스에 활용할 수 있습니다.

만약 자신이 창작한 디자인을 적용한 제품이 갑자기 인기를 끈다면? 그래서 디자인을 등록하는 것으로 마음이 바뀐다면? 이럴 때는 당황하지 말고 공지된 날로부터 1년 내에 디자인 등록을 신청하면 됩니다. 앞에서 설명한 '신규성 상실의 예외'를 주장하는 것이지요. 즉, 디자인 등록을 포기하였다가 다시 디자인권으로 디자인을 보호하는 셈입니다. 이럴 경우를 대비하여 '디자인공지증명'을 신청할 때 디자인 자체를 '비공개'하는 것으로 선택할 수 있습니다. 디자인이 비공개되면 창작했다는 사실만 증명되고 한국뿐만 아니라 중국에서도 디자인을 등록할 수 있게 됩니다. 디자인 등록 신청 전에 디자인이 공개되면 중국에서는 디자인 등록을 받기 어려우니까요.

만일 디자인 창작 증명을 통하여 앞에서 설명한 증명서를 받았다고 가정해보겠습니다. 디자인 창작 증명에서 디자인은 비공개로 하고 창작 사실과 시기만 기재했는데, 갑자기 제품이 인기를 끌어 디자인 등록을 신청하게 되었습니다. 그런데 다른 사람이 자신보다 늦게 디자인을 창작했지만 디자인 등록 신청을 먼저 했다면 어떻게 될까요?

▌ 선창작주의와 선출원주의 ▌

누가 먼저 디자인을 창작했는지 따져야 할까요? 먼저 디자인을 창작한 사람에게 디자인권을 주는 것이 정의롭게 느껴집니다. 하지만 누가 먼저 디자인을 창작했는지 따지다 보면 복잡하고 분쟁이 난무하게 됩니다. 먼저 디자인 등록을 신청한 신청인을 보호하면 누구를 보호할지가 명확해지며 디자인의 창작 내용이 세상에 알려지지 않고 비밀로 방치되는 일도 줄어들게 됩니다. 이러한 이유로 먼저 창작한 자를 보호하지 않고 먼저 디자인 등록을 신청한 자를 보호하고 있습니다.

결론적으로, 다른 사람이 먼저 디자인 등록을 신청하면, 자신이 먼저 디자인을 창작했더라도 디자인 등록을 받을 수 없습니다. 즉, 다른 사람이 디자인 권리를 가지게 됩니다. 먼저 디자인을 창작했더라도 기뻐만 하지 말고, 먼저 디자인 등록을 신청하여 신청일을 선점하기 위한 '성급함'을 가져야 합니다. 먼저 신청(출원)한 사람을 보호한다고 하여, 법에서는 '선출원주의'라고 부릅니다.

| 디자인 등록 신청일의 선점 |

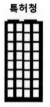

특허청

먼저 디자인 등록을 신청해두면, 다른 사람이 독창적으로 창작하여 디자인 등록을 신청하더라도 등록받을 수 없으며, 자신의 상품 형태가 공개되었는지와 무관하게 다른 사람은 뒤늦게 제품을 개발했다는 이유로 시장 진입이 차단됩니다. 즉, 부정경쟁방지법은 모방 행위를 막을 수 있을 뿐이지만, 디자인권은 모방했는지 여부를 따지지 않고, 잠재적인 경쟁자의 시장 진입을 차단할 수 있는 효력이 있습니다.

> **먼저 디자인 등록을 신청해야 보호받을 수 있으며,
> 설령 디자인을 모방하지 않았더라도
> 디자인 등록을 늦게 신청한 사람은 권리를 가질 수 없습니다.**

다이슨,
한국 디자인권을
확보하지 못하다

━━━

다이슨은 이미 널리 보급된 제품을 혁신적으로 바꾸는 기업으로 유명합니다. 선풍기는 130년간 날개를 사용하는 방식을 사용했기 때문에 혁신의 대상이 되었습니다. 선풍기에 날개가 없다니 정말 멋진 일입니다. 처음 제품을 보았을 때 너무 놀랐던 기억이 나네요. 역시 다이슨이라는 분이 영국의 스티브 잡스로 불릴 만합니다.

| Dyson Cool 제품 |

출처: 다이슨 홈페이지

다이슨은 2008년 6월 6일 영국에서 '날개 없는 선풍기'에 대한 디자인 등록을 신청한 후, 미국에 2008년 12월 4일 디자인 등록을 신청하여 다음과 같은 디자인권을 확보하였습니다. 하지만 어떠한 이유에서인지 한국에는 디자인 등록을 신청하지 않았습니다. 다이슨은 2009년 10월에 제품을 출시하고 2년 뒤에 한국 시장에 진입하게 됩니다.

▎ 다이슨의 미국 디자인권 ▎

출처: US D602,143

특허청에 따르면 날개 없는 선풍기가 한국에 정식 수입되기도 전에 유명 인터넷 쇼핑몰에서 값싼 중국제 모조품들이 정가의 20% 정도의 가격(정품 약 40만 원, 모조품 약 8만 원)으로 버젓이 팔리고 있었습니다. 혁신적인 제품이 출현하면 모조품이 대거 쏟아져 나오면서 저가로 판매되기 마련입니다.

다이슨은 영국, 미국 등에는 디자인권이 있었지만, 한국에는 디자인권이 없었습니다. 이러한 상황에서 자신의 디자인을 그대로 모방한 제품을 한국에서 막을 수 있을까요? 디자인권은 디자인을 등록한 국가에만 효력이 있습니다. 어느 국가의 법률이 그 국가에만 미치는 것은 당연하지만, 나라마다 디자인 등록을 별도로 해야 한다고 말하면 어떤 사람들은 놀라기도 합니다. 국내 시장을 넘어 글로벌 시장에서 경쟁하려면 해외에 디자인을 등록하는 것은 불가피한 일입니다.

> **디자인권은 디자인을 등록한 국가에만 효력이 있으므로,
> 해외 시장에 진출한다면 해외 국가의 디자인 등록이 필요합니다.**

한국에는 디자인권이 없었기 때문에, 어쩔 수 없이 다이슨은 자신의 제품 형태를 모방한 행위가 부정경쟁행위라는 이유로 소를 제기하여 수입을 금지시킨 것으로 알려져 있습니다. 다만 이 규정은 제품이 출시된 지 3년 동안만 적용되는 한계가 있습니다. 2009년 10월에 제품을 출시하였고 2년 뒤에 한국 시장에 진

입하였으므로, 위와 같은 수입 금지 조치는 1년도 채 되지 않는 기간만 유효한 조치였습니다.

그렇다면 전 세계에 디자인을 신청해야 할까요? 이는 해당 디자인의 중요성과 경영적 판단에 따라 달라집니다. 해당 디자인이 중요한 경우에는 많은 국가에서 디자인권을 확보하는 것이 좋겠지만, 여러 국가에 디자인 등록을 신청하면 큰 비용을 투자해야 합니다. 특히 다양하고 많은 수의 디자인을 확보해야 하는 경우에는 비용이 기하급수적으로 증가하게 됩니다. **따라서 필요한 주요 국가에만 선택적으로 디자인 등록을 신청하는 것이 일반적입니다.**

보통 기업에 디자인권이 필요한 주요 국가는 어떻게 결정될까요? 그 제품의 주요 소비시장에 해당되는 국가에 디자인을 등록하는 것이 마땅합니다. 그리고 디자인 분쟁에 대비하여, 분쟁이 일어날 가능성이 높고 지식재산을 강하게 보호하는 국가에 디자인을 등록해야 합니다. 일반적으로 미국, 중국, 유럽 등에 많은 디자인이 등록되고 있습니다.

> **디자인이 적용된 제품의 주요 소비시장에 중점을 두고 디자인권을 확보하는 것이 바람직합니다.**

한국 기업이 한국에서 디자인 등록을 신청한 후, 해외 국가에서 디자인 등록을 신청하기 위해서는 일정한 시간이 필요합니다. 각국의 언어와 제도가 다르기 때문입니다. 만일 한국에서 디자인 등록을 신청하고 중국에 디자인 등록을 신청하기 위하여 준비하고 있는데, 다른 사람이 중국에 먼저 디자인 등록을 신청할 수도 있고 자신이 제품을 판매하여 세상에 알릴 수도 있습니다. 이러한 경우 중국에서 먼저 디자인 등록을 신청하지 않았기 때문에 또는 디자인이 세상에 알려졌기 때문에 등록을 받지 못하는 불이익을 받습니다. 참으로 억울한 일이지요.

이러한 문제점을 인식하고 아주 오래 전에 세계 대부분의 국가가 조약을 체결했습니다. 예를 들어, 한국에서 디자인 등록을 신청하고 6개월 내에만 중국에 디자인 등록을 신청하면, 그사이에 일어난 일 때문에 불이익을 주지 않기로 하였습니다. 즉, 한국에서 디자인 등록을 신청하였기 때문에 전 세계적으로 디자인 등록을 신청할 수 있는 '우선권'을 부여하는 것입니다. 다만 6개월이라는 기간을 지켜야만 합니다.

> " 한국에서 디자인 등록을 신청한 후 우선권을 주장하면서
> 6개월 내에 해외 국가에 디자인 등록을 신청해야 합니다. "

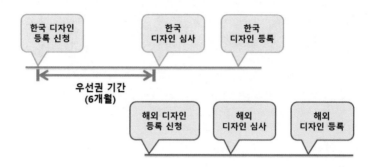

| 해외 디자인 등록 신청을 위한 우선권 기간 |

그렇다면 한국인 또는 한국 기업은 어떤 국가의 디자인권을 확보하고 있을까요? 기존에는 디자인권을 포함한 해외 지식재산 권의 확보는 미국에 집중되어 있었습니다. 왜냐하면 미국의 소비시장이 가장 컸으며, 지식재산 보호 정책도 가장 강력했기 때문입니다. 요즘은 미국 중심의 소비 시장이 중국, 유럽 등 여러 나라로 분산되어 옮겨가고 있습니다. 특히 중국은 한국에게 가장 큰 수출 국가가 되었으며 디자인권 분쟁이 급속히 증가하고 있기 때문에, 한국인 또는 한국 기업은 중국 디자인권을 확보하기 위해 노력하고 있습니다.

2015년 통계를 보면, 다음과 같이 한국인 또는 한국 기업은 중국, 미국, 유럽 등 주요 수출 국가에 디자인 등록을 신청하고 있습니다. 한국에서 먼저 디자인 등록을 신청하는 것이 가장 중요하지만, 이제는 세계 소비시장이 재편된다는 관점에서 주요 국가에 디자인권을 확보하는 '국가별 포트폴리오'를 갖추는 것도 중요해졌습니다.

❘ 한국의 해외 디자인 신청 건수 ❘

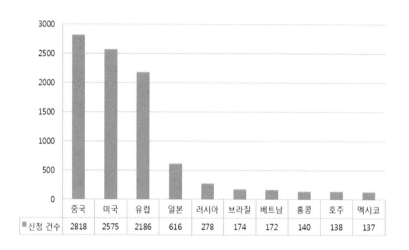

	중국	미국	유럽	일본	러시아	브라질	베트남	홍콩	호주	멕시코
■신청 건수	2818	2575	2186	616	278	174	172	140	138	137

출처: WIPO, World Intellectual Property Indicator 2016

우선권을 주장해서 6개월 내에 국가마다 디자인 등록을 신청하더라도 여전히 불편함이 있습니다. 각 국가의 언어와 제도에 맞게 디자인 등록을 별도로 신청해야 하기 때문입니다. 이러한 불편함을 해소하기 위하여 국제 디자인 등록을 신청하는 제도를 만들었습니다. 하나의 언어로 한 번만 디자인 등록을 신청하면 여러 국가에서 효력이 생기게 됩니다. 국제 디자인 등록 신청은 세계 지식재산 기구(WIPO)에 직접 제출할 수도 있지만, 한국 특허청에 바로 제출해도 됩니다. 참으로 편리한 제도입니다.

버버리는 다음과 같은 직물지 디자인을 국제 등록하였습니다. 버버리는 국제 등록 신청을 2018년 2월 9일 제출하였고, 세계 지식재산 기구의 국제사무국은 국제 등록 신청에 대하여 형식요건을 심사한 후 '국제 등록'을 진행합니다. 국제 등록일은 국제 등록 신청일과 동일한 2018년 2월 9일이 됩니다. 국제 등록 신청일이 그대로 '국제 등록일'이 되는 것이지요. 그리고 존속 기간은 국제 등록일로부터 5년 후인 2023년 2월 9일입니다. 디자인권자는 5년마다 하나의 국제 등록을 갱신하면서 디자인권을 관리할 수 있습니다.

▎ 버버리 국제 등록 디자인 ▎

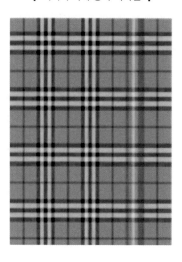

출처: 국제등록번호 DM/099837

국제 등록 이후에 신청인이 지정한 국가에서 심사되지만, 문제 없이 심사가 통과된다면 국제등록이 그대로 유효하게 되며, 심지 어 해외 국가의 대리인을 선임할 필요도 없습니다. 지정 국가에 서의 심사 기간은 국제 공개일로부터 6개월 또는 12개월로 정해 져 있기 때문에 디자인권의 취득 여부를 확실히 파악할 수 있는 장점이 있습니다.

디자인은 '국제 등록'이 된다는 점에서 상당한 매력이 있습니다. 잠시 특허 이야기를 해드리지요. 특허의 경우, 국제 특허 '신청'만 있고 국제 특허 '등록'은 없기 때문에, 아직까지는 국제적으로 특허 등록을 받는 제도는 존재하지 않습니다. 그래서 세계 특허권은 없다고 말합니다. 국제 특허 신청은 전 세계적으로 한 번에 '신청일'만 확보할 수 있게 하는 것이며, 심사 및 등록은 각 국의 절차에 따라야 합니다. 결국 국제 특허를 신청하더라도 국가마다 특허권이 별도로 발생되고 각각에 대해 관리해야 합니다. 하지만 디자인은 국제 등록 신청이 그대로 '국제 등록'되며, 단지 각 국가에서 심사만 진행될 뿐입니다. 그야말로 '세계 디자인권'이 있는 것입니다.

> **국제 디자인 등록을 신청하면 여러 국가에서 효력이 발생하는 '세계 디자인권'을 확보할 수 있습니다.**

다만 아직까지 이 협정의 가입 국가 및 기구는 2017년 기준으로 66개이고 효력이 미치는 국가는 84개로서 가입 국가가 충분치 않은 상태입니다. 특히 중국이 현재 가입을 준비하고 있는 중인데요, 중국이 가입 국가가 되면 미국, 일본, 유럽과 함께 주요 소비 시장에 국제등록의 효력이 미치게 될 것입니다. 가입 국가

가 확대되면 디자인의 국제 등록 신청은 '세계 디자인권'을 확보
하는 통로가 될 전망입니다.

루이비통,
스니커즈 디자인을
2개월 만에 등록하다

루이비통은 2018년 봄·여름 시즌에 아치라이트 스니커즈를 출시합니다. 이 디자인은 2018년 2월 9일 디자인 등록을 신청하여 2018년 4월 4일 등록 결정되고, 4월 17일에 디자인이 등록됩니다. 보통 디자인 등록을 신청한 후 6개월이 경과했을 때 디자인 심사 결과를 받을 수 있는데, 루이비통의 디자인은 2개월 만에 등록되었습니다.

┃ 루이비통의 아치라이트 스니커즈 ┃

출처: 등록 디자인 제30-0953855호, 루이비통 홈페이지

어떻게 하면 이렇게 빨리 디자인을 등록할 수 있을까요? 물론 너무나 유명한 루이비통이 디자인 등록을 신청했다고 빨리 등록된 것은 아닙니다. 신발은 6개월도 지나지 않아 가을·겨울 시즌의 디자인이 새롭게 출시됩니다. 이렇게 라이프 사이클이 짧고 유행성이 강한 제품의 디자인은 빨리 등록될 필요가 있습니다. 그렇지 않으면 라이프 사이클이 끝나고 나서, 디자인 심사와 등록이 이루어지기 때문입니다. 이런 제품의 디자인은 디자인 등록 신청일 전에 어떤 디자인이 있었는지 검색하고 비교하는 심사 과정을 생략합니다. 이렇게 심사하는 제품(물품)의 종류는 특허청에서 일괄적으로 정해놓고 있습니다. 특허청은 세상에 존재하는 모든 물품을 다음과 같이 31개로 분류하고 있는데, 이 중 실질적인 심사를 하지 않는 물품류는 2류, 5류, 19류뿐입니다. 즉, 루이비통의 스니커즈는 2류에 속하기 때문에 2개월 만에 등록된 것입니다. 다른 종류의 물품은 기존 디자인을 검색하고 비교하는 심사를 진행하고 등록 여부를 결정합니다. 특허청은 2020년부터 2류, 5류, 19류에 대한 심사 기간을 현행 2개월에서 10일로 대폭 단축하려는 목표를 가지고 있습니다. 이러한 특허청 실무가 정착된다면 라이프 사이클이 짧은 제품의 디자인을 2주 만에 등록 완료할 수 있게 됩니다.

특허청의 물품 분류

1류 식품	**2류** 의류 및 패션	**3류** 신변품	**4류** 브러시 제품
5류 직물류	**6류** 가구 및 침구류	**7류** 가정용품	**8류** 공구 및 철물류
9류 포장 및 용기	**10류** 시계, 계측기구	**11류** 장식용품	**12류** 운송 수단
13류 전기 관련 장치	**14류** 통신, 정보검색	**15류** 기계	**16류** 광학 기기
17류 악기	**18류** 인쇄, 사무 기계	**19류** 문방구, 교재	**20류** 판매, 광고 장비
21류 게임, 레저용품	**22류** 무기, 화학제품	**23류** 위생, 난방 기기	**24류** 의료, 실험 기구
25류 건축, 건설 자재	**26류** 조명 기기	**27류** 흡연용품	**28류** 의약품, 화장품
29류 소방, 구조 장비	**30류** 동물, 사육용품	**31류** 음식 조리 기구	

> **디자인이 적용된 제품이
> 특허청에서 분류한 2류, 5류, 19류에 속하면
> 실질적인 심사를 하지 않고 등록됩니다.**

그렇다면 3개의 분류에 속하는 물품 외의 디자인은 등록받는 데 얼마나 걸릴까요? 보통 디자인 등록을 신청하고 9~10개월 정도가 소요됩니다. 디자인 등록 신청일 전의 디자인을 검색하고 새로운 디자인인지와 창작성이 있는지를 따지게 됩니다. 이렇게 한국은 심사하는 디자인도 있고 심사하지 않는 디자인도 있습니다. 미국이나 일본의 경우에는 어떤 물품에 대한 것이든 디자인을 심사하도록 되어 있고, 유럽이나 중국에서는 디자인이 심사되지 않고 등록됩니다.

디자인 등록을 신청하면 디자인 등록을 신청한 순서에 따라 차례차례 심사가 진행됩니다. 하지만 이 순서에 상관없이 자신의 디자인을 먼저 심사해달라고 신청할 수 있습니다. 이를 우선 심사 신청이라고 합니다. 우선 심사를 신청하면 3개월 이내에 심사를 받을 수 있습니다. 심사 대기 순서를 바꾸는 새치기처럼 보이지만, 우선 심사 신청은 디자인 등록 신청인의 상황 때문에 필요한 제도입니다. 예를 들어 다른 사람이 자신의 디자인을 모방하고 있는 경우, 신속하게 심사를 받고 디자인권을 행사하고 싶을 수 있습니다. 또는 자신의 사업이 이미 시작되었거나 준비 중인 경우, 디자인권을 확보하여 사업에 활용하려고 할 수 있습니다.

모방이 쉽기 때문에 디자인 등록이 완료된 후에야 특허청이 디자인을 세상에 알립니다. 만일 디자인 등록을 신청하고 얼마 지나지 않아 디자인이 반영된 제품을 바로 판매한다면 자연스럽게 디자인이 세상에 알려집니다. 즉, 디자인이 더 이상 비밀이 아닌 상태가 됩니다. 이때 누군가 디자인을 모방한다면 어떻게 해야 할까요? 디자인이 아직 등록되지 않았기 때문에 디자인권을 침해하지 말라고 할 수 없습니다. 이 경우에는 디자인을 공개해달라고 특허청에 신청한 후, 공개된 디자인을 근거로 경고장을 보낼 수 있습니다. 신발이나 구두와 같이 시즌마다 출시되는 제품의 디자인이 반복적으로 모방된다면, 디자인 등록을 신청하면서 디자인을 공개해줄 것을 특허청에 신청해두는 것이 좋습니다. 어차피 제품을 판매하면서 디자인이 세상에 알려질 것이기 때문에 디자인 등록 전에 디자인이 공개되는 것은 문제가 없고, 모방 제품이 나온다면 바로 경고장을 보낼 수 있기 때문입니다.

반대로 디자인 등록을 신청했지만 디자인을 반영한 제품이 출시되는 데 상당한 시간이 걸린다면, 디자인을 비밀로 해달라고 신청해야 합니다. 디자인 등록이 되고 나면 특허청은 디자인이 등록되었음을 세상에 알리게 되는데, 이렇게 되면 등록된 디자인이 모방의 위험에 노출되고 경쟁 회사가 제품 개발 상황을 파악할 수 있게 됩니다. 디자인을 비밀로 해달라고 특허청에 신청하면, 디자인이 등록되더라도 등록된 디자인을 비밀로 유지해 줍니다.

> **디자인이 세상에 빨리 공개되도록 할 것인지,
> 등록된 디자인을 비밀로 할 것인지
> 제품의 출시 시기를 고려하여 결정해야 합니다.**

디자인은 모방이 쉽게 일어나는 특징이 있습니다. 이러한 특징 때문에 모방을 방지하려는 여러 가지 제도적 장치를 마련했다고 이해하시면 됩니다. 심사하지 않고 등록되는 디자인, 새치기를 해서라도 우선으로 심사되는 디자인, 디자인이 등록되기 전에 특허청을 통하여 공개하는 디자인, 디자인이 등록되더라도 비밀로 유지되는 디자인들이 있습니다. 각각 서로 다른 모습을 하고 있지만 목표는 디자인의 모방을 막아보자는 것입니다.

디자인,
혁신의 중심에
우뚝 서다

PART

3

크록스,
부분 디자인으로
폭넓은 권리를 확보하다

크록스(Crocs) 신발은 전 세계에서 1억 켤레 이상이 팔렸을 정도로 인기가 있습니다. 그 비결은 아마도 발의 편안함에 있지 않을까요. 발을 편안하게 하기 위하여 투박하고 못생겨 보이게 만든 '넓고 둥근 앞부분(갑피, upper)'이 디자인의 핵심 부분인 듯합니다.

2009년 미국 소송에서, 다음과 같은 등록 디자인과 크록스의 디자인이 비교된 적이 있습니다. 이 소송에서 신발의 갑피(upper)뿐만 아니라 발바닥이 닿는 안창(insole)도 디자인의 구성 요소라고 판시하였습니다.

❙ 미국 등록 디자인과 크록스 신발 ❙

출처: US D529263, 크록스 홈페이지

앞에서 보여주는 미국 등록 디자인의 안창 모양은 크록스 신발의 안창 모양과 다릅니다. 그렇다면 두 디자인은 비슷하지 않다고 해야 할까요? 판사는 객관적인 입장에서 비슷하지 않다고 판단할 수도 있겠지만, 크록스의 디자이너는 안창의 모양이 중요하지 않다고 생각하거나 그에 대한 디자인 권리를 주장하고 싶지 않을 수 있습니다. 즉, 크록스 신발의 디자이너는 넓고 둥근 앞부분이 중요한 특징이고 발 마사지 효과가 있는 안창의 모양은 디자인적 요소가 아니기 때문에, 두 개의 신발 디자인이 너무 비슷하다고 생각할 수 있습니다. 이렇듯 디자이너 입장에서 창작한 부분은 여러 개일 수 있고 그중 가장 중요한 부분과 부수적인 부분이 있을 수 있습니다. 때로는 제품의 디자인 중 창작하지 않은 부분도 있습니다.

항상 제품 디자인 전체를 디자인권으로 주장해야 하는지 의문을 가질 수 있습니다. 디자이너의 주관적인 생각대로 창작한 제품의 일부분을 특정하여 디자인권을 확보할 수는 없을까요? 이런 생각을 실현할 수 있는 제도가 '부분 디자인'이라는 개념입니다.

> **부분 디자인 제도를 이용하면,**
> **66** **제품 전체가 아닌 제품의 일부분에 대한 디자인을 특정하여** **99**
> **디자인권을 확보할 수 있습니다.**

라비또의 사례로 돌아가 보겠습니다. 다음과 같은 머그컵을 곽미나 대표가 디자인했습니다. 머그컵은 크게 컵의 본체, 손잡이, 토끼 모양으로 구성되어 있습니다. 컵의 본체와 손잡이는 일반적인 형태이고, 토끼 모양만 창작된 디자인입니다. 이런 경우에 다음과 같이 창작한 부분(토끼 모양)만을 실선으로 특정하고 나머지 부분은 점선으로 표현합니다. 또는 디자인권을 주장하지 않는 부분은 하나의 컬러로 특정할 수 있습니다.

｜ 라비또의 토끼가 있는 머그컵 ｜

출처: 라비또 네이버 스마트스토어

｜ 라비또의 머그컵 디자인권 ｜

등록 디자인 제30-0767994호

컵의 본체와 손잡이에 토끼 모양이 붙어 있어서 물리적으로 분리될 수 없기 때문에, 디자인 등록을 신청할 때 디자인의 대상이 되는 물품은 컵의 토끼 모양이 아니라 '컵'으로 해야 합니다. 디자인권에서 물품이란 독립적으로 거래될 수 있는 대상이어야 하기 때문입니다. 물품과 관련하여 약간 헷갈리는 경우가 있습니다. 예를 들어, 구두의 뒷굽은 물품으로 지정할 수 있을까요? 구두의 수선을 위하여 구두의 뒷굽도 독립적으로 거래되기 때문에, 구두 전체가 아닌 구두의 뒷굽을 물품으로 지정할 수 있습니다.

부분 디자인 제도가 없다면, 컵 전체 형태를 디자인으로 등록해야 합니다. 이 경우, 컵 본체와 손잡이 형태가 다르고, 토끼 모양이 비슷한 경우 다툼이 생길 수 있습니다. 곽미나 대표는 토끼 모양이 비슷하기 때문에 디자인권을 침해했다고 주장할 것이고, 상대방은 컵의 전체적인 형태가 다르기 때문에 디자인권을 침해하지 않았다고 주장할 것입니다. 법원에서 판단하게 된다면, 객관적 자료들에 의하여 디자인의 구성 요소들을 비교하여 공통점과 차이점을 확정하게 되고, 그 결과 디자이너의 생각과 다른 결론이 나올 수 있습니다.

부분 디자인 제도를 이용하여, 컵의 본체와 손잡이 형태를 제외하고 토끼 모양만 특정하여 권리화하면, 상대방이 토끼 모양을 모방하고 컵의 본체와 손잡이 형태를 변형하더라도 디자인권을 침해한 것으로 봅니다. 부분 디자인 제도가 존재하는 이유는 디자이너의 주관적 의사를 관철시키고, 디자인의 주요 부분을 모방하면서 약간의 변형을 통해 디자인권을 피해 가는 일을 방지하기 위한 것입니다.

결국 부분 디자인 제도를 이용하면, 넓은 권리 범위의 디자인권을 확보할 수 있습니다. 이는 디자인의 구성 요소를 최소화하여 권리로서 특정함에 따른 효과입니다. 디자인의 구성 요소를 적게 할수록 디자인권의 권리 범위는 넓어집니다.

> **디자인 등록을 받을 수 있다는 전제에서,
> 부분 디자인 제도를 이용하여 디자인 구성 요소를 적게 할수록
> 디자인권은 강력해집니다.**

부분 디자인 제도가 인정되는 주요 국가는 한국, 미국, 일본, 유럽입니다. 하지만 중국의 경우 아직까지 부분 디자인 제도를 인정하지 않고 있습니다. 한국에서 부분 디자인으로 디자인 등록을 신청했더라도 중국에 디자인을 등록하려면 전체 디자인으로 변경할 수밖에 없습니다. 중국은 조만간 부분 디자인 제도를 도입할 것으로 예상됩니다. 중국이 부분 디자인 제도를 도입하기 전까지는 창작의 주요 부분을 강조하여 기재하는 방법 등 우회적인 수단을 강구해야 합니다.

다시 크록스의 디자인 이야기로 돌아가 보겠습니다. 2009년 미국 소송은 크록스에게 큰 교훈을 준 것인지도 모릅니다. 부분 디자인 제도를 활용하여, 소비자에게 잘 보이지도 않고 중요하지 않은 안창과 밑창은 디자인권에서 제외시켜야겠지요. 현재 크록스는 부분 디자인 제도를 이용하여 수십 개의 디자인권을 한국에 확보해두고 있습니다. 다음과 같은 등록 디자인을 예시로 들면, 디자인의 대상이 되는 물품은 '신발'로 지정하면서, 파란색으로 표시한 부분은 디자인 등록 대상에서 제외된다고 기재하고 있습니다. 즉, 안창과 밑창의 형태는 디자인 요소에서 제외하고 디자인권을 확보하고 있다. 크록스가 이렇게 디자인권을 확보한 상태에서, 다른 회사에서 넓고 둥근 앞부분을 모방하면서 안창 또는 밑창의 모양을 변형하여 제조 또는 판매하더라도 크록스의 디자인권을 침해하게 됩니다.

| 크록스의 부분 디자인권 |

등록 디자인 제30-0784146호

애플,
애플워치 화면에 보이는
디자인을 등록하다

애플은 삼성과의 소송에서 첨단 기술과 관련된 기술이 아닌 디자인권을 내세웠습니다. 우리에게는 참으로 깜짝 놀랄 일이었는데요. 디자인권이 이렇게 강력하다는 것을 우리는 새삼 깨닫게 됩니다. 앞으로 기술의 상향평준화가 심해질수록 디자인은 더욱 중요해질 것입니다.

애플이 소송에서 주장한 아이폰의 '둥근 모서리'처럼, 디자인은 보통 물품 그 자체의 형태로 고정되어 구현되는 것이 일반적입니다. 그런데 스마트폰이 우리의 일상을 바꾸면서 색다른 고민이 생겼습니다. 화면에 잠시 나타났다가 사라지는 디자인도 보호해야 할까요? 화면에 나타나는 아이콘이나 유저 인터페이스는 물품에 고정된 것이 아니기 때문에, 전통적으로 보호하던 디자인과 다릅니다. 잠시 논란이 있었으나, 화면에 나타나는 디자인이 상업적으로 중요해지면서 디자인으로 보호하는 대상이 되었습니다. 소위 '화상 디자인'이라고 부르고 있습니다. 화상 디자인은 스마트폰, 스마트워치, 컴퓨터, 텔레비전을 넘어 냉장고, 세탁기 등 모든 전자 제품과 관련되고 있습니다.

애플 이야기가 나왔으니, 애플워치를 예시로 '화상 디자인'을 알아보겠습니다.

| 애플 워치 제품 |

출처: 애플 홈페이지

| 애플의 화상 디자인권 |

등록 디자인 제30-0906053호

애플워치 제품의 화면에 나타나는 디자인이 등록되어 있습니다. 화면상의 디자인을 그대로 옮겨 놓은 모습입니다. 애플의 등록 디자인을 살펴보면, '그래픽 사용자 인터페이스가 표시된 디스플레이 패널'이 물품으로 지정되어 있습니다. 이 화상 디자인이 스마트워치뿐만 아니라 스마트폰, 태블릿 등에 사용될 수 있기 때문에, 그 물품을 스마트워치가 아닌 '디스플레이 패널'로 지정하였습니다. 미래에 새로운 전자기기가 나오더라도 '디스플레이 패널'이 사용될 것이며, 이런 의미에서 상당히 넓은 범위의 물품을 포섭할 수 있습니다. 화상 디자인에서 '디스플레이 패널'이라는 물품이 흔히 이용되는 이유입니다.

> **화상 디자인은 디자인의 대상이 되는 물품을
> '디스플레이 패널'로 지정하여
> 어떤 전자기기에도 적용될 수 있도록 합니다.**

애플의 등록 디자인처럼, 항상 전체 화면을 디자인으로 등록하는 것은 아닙니다. 스마트폰 등의 화면 '일부'에 표시되는 아이콘(icon), 이모티콘 또는 캐릭터도 디자인으로 등록할 수 있습니다. 다음과 같은 네이버의 등록 디자인은 컴퓨터 프로그램이나 애플리케이션을 실행하기 위한 아이콘입니다. 아이콘은 화면에서 나타나는 위치 또는 크기가 얼마든지 변경될 수 있기 때문에, 화면의 가운데 부분에 디자인을 표현하면 그것으로 충분합니다. 라인 프렌즈의 캐릭터도 마찬가지 방법으로 디자인 등록이 가능합니다.

| 네이버의 화상 디자인권 |

등록 디자인 제30-0822276호   등록 디자인 제30-0645239호

네이버의 등록 디자인에서 아이콘을 제외하고 물품의 형태가 점선으로 표시되어 있습니다. 이러한 점선은 부분 디자인을 의미합니다. 앞에서 보여준 애플워치에 대한 등록 디자인도 마찬

가지입니다. 아이콘을 제외하고 물품의 형태가 변형될 수 있기 때문에 부분 디자인 제도가 활용됩니다. 즉, 아이콘은 스마트폰, 스마트워치, 태블릿, 컴퓨터에서 사용될 수 있고 스마트폰에 한정하더라도 그 형태가 다양하고 앞으로 계속 변할 것이므로, 물품의 전체 형태를 특정할 수 없습니다. 이러한 이유로 '화상 디자인'은 대부분 부분 디자인 제도를 이용하게 됩니다.

> **66** 화상 디자인은 디자인으로 등록을 받고자 하는 부분 외에는
> 점선으로 표시(부분 디자인)하여 최대한 넓은 권리 범위를 확보합니다. **99**

또한 화면에서 나타나는 동적인 변화를 하나의 디자인으로 등록받을 수 있습니다. 이를 '동적 디자인'이라고 합니다. 동적 디자인은 도면에 변화 전후의 연속 동작을 표현해야 합니다. 화면상에서 나타나는 동적 디자인은 화상디자인의 일종이므로 대부분의 경우 부분 디자인 제도를 이용합니다. 예를 들어, 애플은 다음과 같은 GUI 디자인을 등록받았습니다. 애플워치의 화면에 나타나는 디자인의 일부입니다. 다만, 동적 디자인은 디자인의 구성 요소가 각각의 연속 동작만큼 많아지므로, 연속 동작을 모두 모방해야만 디자인권을 침해한 것으로 봅니다. 그만

큼 권리 범위가 좁아진다고 해석할 수 있습니다. 따라서 '정지' 상태의 디자인이 충분히 창작성이 있다면, '동적' 디자인의 등록은 보조적인 수단에 불과하다는 전제에서 디자인권의 확보 여부를 결정해야 합니다.

| 애플의 동적 디자인권 |

등록 디자인 제30-0906056호

아모레퍼시픽,
관련 디자인으로
권리 영토를 확장하다

아모레퍼시픽은 2015년 포브스 100대 혁신기업에 선정되는
등 한국의 대표 기업으로 거듭나고 있습니다. 또한 아모레퍼시
픽은 디자인 경영의 일환으로 디자인 센터를 운영하고 있으며,
세계적인 디자인상을 수상하는 성과를 내면서, 다양한 디자인
권을 확보하기 위한 노력을 하고 있습니다.

아모레퍼시픽의 디자인 중 우리에게 쉬운 '비누'에 대한 디자
인권을 살펴보겠습니다. 아모레퍼시픽은 2016년 7월 21일 다음
과 같은 '비누'에 대한 디자인 등록을 신청하여 등록받았습니다.
그런데 동일한 날짜에 비슷한 디자인 2개를 등록 신청하여 등록
받았습니다. 이 2개의 디자인권 중 첫 번째 디자인을 기본 디자
인으로 지정하였는데, 이러한 디자인을 '관련 디자인'이라고 부
르고 있습니다.

┃ 아모레퍼시픽의 비누 기본 디자인권 ┃

등록 디자인 제30-0894396호

┃ 아모레퍼시픽의 비누 관련 디자인권 ┃

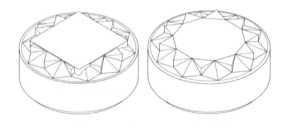

등록 디자인 제30-0894399호, 제30-0894400호

우리에게 생소한 '관련 디자인'이란 무엇일까요? 쉽게 생각하면, 관련되어 있는 디자인을 묶어서 등록할 수 있는 제도입니다. 디자인은 모방이 쉬운 특징이 있고, 디자인권은 동일한 디자인

뿐만 아니라 비슷한 디자인(유사 디자인)까지 권리가 미치지만, 비슷한 범위는 매우 추상적이고 일정치 않다는 본질적 문제가 있습니다. 다른 사람이 등록된 디자인을 그대로 모방한 경우에는 논란의 여지가 없겠지만, 디자인을 변형하여 제품을 제조 또는 판매한다면 비슷한 디자인인지 여부를 두고 서로 다르게 해석할 수 있습니다. 보통 디자인을 그대로 모방한 경우보다는 변형하는 것이 현실이니까요. 관련 디자인으로 등록을 신청하면, 특허청에서 기본 디자인과 관련 디자인이 비슷한지 심사합니다. 특허청의 심사를 통하여 미리 디자인이 비슷한지 여부를 확인받을 수 있습니다. 기본 디자인과 비슷한 관련 디자인이 많이 등록될수록, 다른 사람은 쉽게 모방할 생각을 하지 못하게 됩니다.

> **관련 디자인 제도는 변형된 디자인이 비슷한 디자인인지 여부를 미리 확인할 수 있도록 도와주며, 디자인에 대한 모방으로 인한 분쟁이 발생하지 않도록 예방하기 위한 제도입니다.**

다음 그림에서, 기본 디자인의 권리 범위는 동일 범위(실선)와 유사 범위(점선)로 나누어 개념적으로 도시할 수 있습니다. 이 기본 디자인을 변형한 다른 디자인이 기본 디자인과 비슷하다면, 즉 기본 디자인의 유사 범위에 속해 있다면, 변형된 디자인을 관련 디자인으로 등록을 신청할 수 있습니다. 관련 디자인도 독자적인 디자인이므로 유사 범위를 갖게 되어, 기본 디자인과 관련 디자인은 유사 범위에서 서로 중첩하게 됩니다. 기본 디자인과 관련 디자인을 함께 고려하면, 전체 권리 범위는 기본 디자인의 유사 범위를 넘어 확장된다는 것을 알 수 있습니다. 만일 모방 제품이 기본 디자인의 유사 범위 밖에 있을 때, 이 기본 디자인만 권리로 확보했다면 디자인권 침해가 아니지만, 관련 디자인까지 권리로 확보하면 디자인권 침해가 된다고 이해할 수 있습니다.

▍관련 디자인의 권리 범위에 대한 개념도 ▍

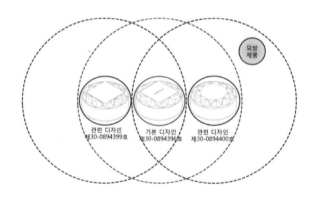

66 **관련 디자인 제도를 활용하여
여러 개의 비슷한 디자인을 등록하면 권리 범위가 확장됩니다.** 99

관련 디자인의 등록 신청은 기본 디자인 등록 신청일로부터 1년 내에 진행해야 합니다. 관련 디자인의 등록 신청 시기가 제한된 이유는 관련 디자인 제도를 이용하여 권리 범위가 아무 때나 무분별하게 확장되는 것을 방지하기 위함입니다. 자유롭게 사용할 수 있는 디자인임에도 불구하고 많은 시간이 흐른 후, 관련 디자인 제도 때문에 갑자기 다른 사람의 디자인권의 권리 범위에 속하게 되는 것은 불합리하겠지요.

관련 디자인은 대부분 아모레퍼시픽의 비누 사례처럼 동일한 날짜에 이루어지는 경우가 많습니다. 이는 제품을 출시하기 전에 제품 개발 과정에서 제시된 여러 개의 변형된 디자인을 권리화할 것인지 일괄적으로 검토하기 때문으로 생각됩니다. 한편 기본 디자인이 무효 등으로 소멸하더라도 관련 디자인은 독자적으로 존속합니다.

여러 개의 디자인권을 합치면 각 개별 디자인권이 가지는 힘의 합보다 훨씬 강력한 힘을 가지며, 디자인권이 무용지물이 될 불확실성도 줄일 수 있습니다. 여러 개의 화살이 쉽게 부러지지 않는 것처럼 말이죠. 모방 제품이 발견된 경우, 하나의 디자인권으로 경고장을 보내는 것보다 여러 개의 디자인권을 근거로 경고장을 보낸다면, 모방품을 근절하는 문제가 쉽게 해결될 수 있

습니다. 디자인권이 여러 개이면 디자인을 피할 수 있다고 생각
하거나 모든 디자인권을 무효화시킬 엄두를 내지 못하게 됩니다.

> **❝ 관련 디자인 제도를 이용하여 여러 개의 디자인권을 확보하면
> 다른 사람 입장에서 무거운 중압감을 느낄 수밖에 없습니다. ❞**

이렇게 디자인권을 여러 개의 재산으로 만드는 것을 '디자인
권 포트폴리오'라고 부를 수 있습니다. 본래 포트폴리오(portfo-
lio)는 경제 용어로 다양한 투자 대상에 분산하여 자금을 운용
하는 것을 말합니다. 이는 위험과 불확실성을 줄이면서 수익을
극대화하는 방법이지요. '디자인권 포트폴리오'는 다양한 디자인
권을 여러 개 보유하여 위험성을 줄이는 방법입니다. 창업한 지
얼마 되지 않은 기업이 하나의 디자인권으로 권리를 행사하는
것은 위험한 일입니다. 하나의 디자인권으로 공격하면 상대방의
저항이 심할 뿐만 아니라 상대방이 디자인권을 피해 가거나 심
지어는 디자인권을 무효로 만들려고 할지도 모를 일이기 때문입
니다.

디자인권을 여러 개 만들기 위하여, 관련 디자인 제도를 활용
할 수도 있으며 전체 디자인과 부분 디자인을 모두 등록 받을

수도 있습니다. 또한 제품을 부품별로 나누어 디자인권을 취득하는 방법을 생각할 수 있습니다. 예를 들어, 구두에 대한 디자인이라면, 구두 뒷굽, 구두 갑피(upper), 버클, 장식품 등에 대한 디자인을 별도로 권리화할 수 있습니다. 구두에 대한 단순 디자인권보다 구두의 다양한 부품에 대한 디자인권은 권리 범위도 넓으면서 꾸준히 연계되어 활용될 수 있기 때문입니다.

그렇다고 무조건 많은 디자인권을 확보하는 것이 도움이 되는 것은 아닙니다. 디자인권을 확보하는 비용과 특허청에 납부하는 세금(연차료) 같은 유지 비용이 발생되기 때문입니다. 따라서 여러 개의 디자인권 확보에 앞서, 권리 확보와 유지에 필요한 예산이 미리 책정되고 계획되어야 합니다.

> **서로 다른 권리 범위를 가지는 디자인권과
> 제품의 부품에 대한 디자인권으로 포트폴리오를 형성하고
> 지속적으로 사업을 보호할 수 있습니다.**

디자인은
도면에 의하여
정의된다

디자인권은 일반적인 재산과 다르게 현실 세계에서 우리 눈에 보이지 않습니다. 아파트, 토지처럼 실물로 존재하지 않죠. 디자인권은 문서로 존재합니다. 그렇다면 디자인권이라는 재산을 어떻게 특정할 수 있을까요? 디자인은 제품이나 물품의 외관에 대한 것이기 때문에 글이나 문자로 표현하기에는 한계가 있습니다. 디자인은 제품의 형상이나 모양 그 자체를 의미하므로, '도면'으로 표현하는 것이 가장 적절합니다. 디자인을 표현한 도면은 그림을 그리거나 사진을 찍어서 제출하는 방법이 있습니다.

도면이 곧 디자인을 정의하게 됩니다. 따라서 도면이 디자인의 권리 범위를 정하는 것은 당연합니다. 도면에 표현된 디자인적 요소는 개념적으로 '형상'과 '모양'으로 구분됩니다. '형상'은 공간을 점유하고 있는 윤곽을 말합니다. '모양'은 '컵에 꽃 모양이 예쁘다'라고 말하는 것처럼 흔히 사용되는 용어와 같은 의미입니다. 예를 들면, 컵의 본체와 손잡이의 윤곽은 '형상'이고 컵에 그려진 꽃은 '모양'입니다. 디자인이 비슷한지 아닌지 판단할 때, 형상과 모양 중 어느 하나라도 다르게 보이면 비슷하지 않다고 보게 됩니다. 물론 '모양'은 없고 '형상'만 있는 디자인도 많이 존재합니다.

쉬운 이해를 위하여 실제 서류가 어떻게 구성되는지 예를 들어 보겠습니다. 다음은 라비또(곽미나 대표)의 토끼가 있는 머그컵(등록 디자인 제30-0767994호)입니다.

디자인의 대상이 되는 물품

컵

디자인의 설명

1. 재질은 유리, 합성수지, 금속 또는 도자기임.

2. 본 물품은 참고도 1.1에서와 같이 토끼의 귀에 티백 줄을 감아서 사용하는 것임.

3. 본 물품 중 실선으로 표현된 부분이 부분 디자인으로서 디자인 등록을 받고자 하는 부분임.

4. 본 물품 중 도면 1.1은 이 디자인의 전체적인 형태를 표현하는 도면이고, 도면 1.2는 이 디자인의 정면 부분을 표현하는 도면이며, 도면 1.3은 이 디자인의 배면 부분을 표현하는 도면이고, 도면 1.4는 이 디자인의 좌측면 부분을 표현하는 도면이며, 도면 1.5는 이 디자인의 우측면 부분을 표현하는 도면이고, 도면 1.6은 이 디자인의 평면 부분을 표현하는 도면이며, 도면 1.7은 이 디자인의 저면 부분을 표현하는 도면이고, 참고도 1.1은 이 디자인의 전체적인 형태를 표현하는 사용상태도임.

디자인 창작 내용의 요점

본원 컵 디자인은 독창적인 형상과 모양의 결합으로 종래 공지된 디자인과는 차별화하였으며, 컵 손잡이에 토끼가 올라간 형상을 주요 모티브로 한 것을 창작 내용의 요점으로 함.

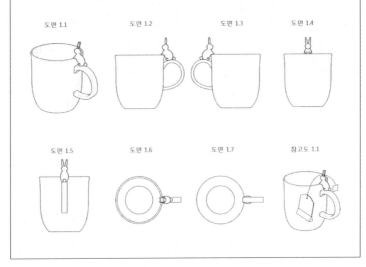

디자인은 도면으로 표현되므로, 디자인권을 정의해주는 서류는 도면들을 보여주면 됩니다. 비교적 간단한 서류입니다. 기본적으로 도면은 사시도와 6면도로 구성됩니다. 기본적인 도면으로 디자인을 충분히 표현할 수 없는 경우에는 전개도, 단면도, 확대도, 분해 사시도 등 부가 도면을 추가해주면 됩니다. 부가

도면은 디자인을 특정하게 되고 디자인권을 해석하는 데 사용됩니다. 참고 도면은 대부분 사용 상태를 보여주며 디자인권의 권리 범위를 결정하는 데 사용되지 않고 디자인을 이해하기 위한 자료로만 이용됩니다. 2019년부터는 기본적인 도면, 부가 도면, 참고 도면으로 구분하지 않고, 부가 도면을 기본적인 도면에 포함시켜 기본적인 도면과 참고 도면으로만 구분하게 되었습니다. 부가 도면도 디자인을 특정하고 권리 범위를 해석하는 데 사용되고 도면 구분에 혼란이 발생된다는 점을 고려하여, 부가 도면이라는 용어를 삭제하였습니다.

그렇다면 디자인의 컬러 또는 색채는 도면에 표현해야 할까요? 디자인을 등록하는 사람 입장에서 다른 사람이 색채를 다르게 하여 제품을 판매할 때, 디자인권을 근거로 이를 제재를 가할 수 있는지 의문을 제기하는 경우가 있습니다. 역으로 기존 디자인과 색채가 다르다면 등록 받을 수 있을까요? 색채가 다른 디자인을 등록 받을 수 있다면 색채만 다르더라도 서로 비슷하지 않은 디자인이라고 생각할 수 있습니다. 다음과 같은 족구공 디자인은 12개의 조각으로 만들어졌으며 단지 색채만 다릅니다. 낫소는 시중에서 다음 오른쪽 족구공을 판매하고 있었는데, 신신상사는 왼쪽 족구공을 디자인으로 등록한 상황에서, 낫소는 등록 디자인을 무효로 해달라고 심판을 청구하였습니다.

❙ 색채가 다른 족구공 디자인 ❙

출처: 특허심판원 2004당2477 심결

이에 관련된 사건에서 대법원(2005후3307)은 디자인이 형상과 모양이 동일하고 기본적인 채색 구도도 동일한 경우, 구체적인 색채가 다른 색으로 선택되었다는 점만으로 소비자가 느끼는 심미감에 차이가 생기지 않으므로 비슷한 디자인이라고 판단하였습니다. 결국 신신상사의 등록 디자인은 무효가 되었습니다. 즉, 색채가 다른 것만으로는 디자인이 다르다고 할 수 없다는 의미입니다.

이러한 논리로 디자인 등록을 신청할 때, 사진을 촬영하여 도면을 준비하더라도 무채색의 디자인을 도면에 포함시키고 있습니다. 색채가 달라도 비슷한 디자인으로 판단되기 때문에 꼭 컬러 도면을 추가해놓지 않아도 되지만, 컬러 도면은 참고 도면으로 추가하는 경향이 있습니다. 이러한 조치는 추후 다른 사람이나 법원에서 디자인이 비슷한지 판단하는 데 큰 도움이 됩니다. 현실적으로 디자인권을 침해하지 말라고 말할 때, 색채까지 동일한 디자인을 사용하는 다른 사람은 변명의 여지가 없게 됩니다.

라비또의 머그컵 디자인은 형상만 있고 모양이 없는 디자인이며, 부분 디자인입니다. 부분 디자인은 디자인의 구성 요소를 최소화시키는 역할을 하며, 전체 디자인보다 권리 범위가 넓습니다. 디자인권도 권리이므로, 우리 눈에 보이지 않는 어떤 범위 또는 경계를 가지고 있습니다. 토지에 소유권의 경계선이 있는 것과 마찬가지입니다. 만일 라비또가 머그컵 디자인을 등록하면서 자신의 권리는 컵의 본체, 컵의 손잡이, 토끼 모양을 결합한 디자인이라고 주장했다면, 디자인권의 '범위'는 어떻게 될까요? 디자인이 등록된 후 자신이 권리로 주장했던 것과 다른 이야기를 하면 안 되겠지요. 디자인권의 내용이 컵의 본체, 컵의 손잡이, 토끼 모양의 결합이므로, 이 내용을 그대로 따라 해야 디자인권을 침해했다고 말할 수 있습니다. 디자인권의 일부만 따라 한다면 자신의 권리라고 말할 수 없게 됩니다. 따라서 디자인권에 많은 구성 요소를 넣게 되면 자신의 권리를 제한하게 됩니다. 즉, 디자인의 구성 요소가 적을수록 권리 범위는 넓고, 디자인의 구성 요소가 많을수록 권리 범위는 좁습니다. 앞에서 설명한 것처럼, 동작 디자인도 디자인의 구성 요소가 각각의 연속 동작

만큼 많아져서 정지 상태의 디자인보다는 권리 범위가 좁습니다. 어떤 사람들은 디자인을 등록할 때 최대한 많은 내용을 넣고 싶어 합니다. 이렇게 여러 가지 내용이 디자인권에 있다면 자신이 많은 권리를 가진다고 생각하기 때문입니다. 이러한 오해는 잘못된 상식에서 비롯된 것이며, 그 '범위'가 너무 좁은 디자인권은 쓸모 없게 될 수도 있습니다. 다만 디자인의 구성 요소가 적어지면 디자인을 등록 받지 못할 확률이 높아집니다. 어찌 보면 권리의 '범위'가 넓어져서 다른 사람들과 충돌한 결과일지도 모릅니다. 따라서 도면에 디자인의 구성 요소를 어떤 것까지 표현할지 전략적으로 판단해야 합니다.

> **"** 도면은 디자인의 권리 범위를 결정하므로,
> 디자인의 구성 요소가 너무 많이 포함되지 않도록 **"**
> 주의를 기울여야 합니다.

여러 개의 제품이 하나의 디자인으로 통일된 경우도 있습니다. 예를 들어, 스푼, 포크, 나이프의 손잡이가 동일한 디자인이 있고 함께 세트로 사용됩니다. 이런 경우에 '한 벌 물품의 디자인'으로 등록할 수 있습니다. 다음과 같은 커피 세트는 '한 벌 물품의 디자인'으로 등록된 경우입니다. 물품 명칭은 '한 벌의 커피

세트'이며, 도자기로 만들어진 접시와 설탕 용기, 프림 용기, 커피 용기로 구성되어 있습니다. 커피 세트는 완두콩 형상을 연상시키는 독특한 디자인이네요.

┃ 한 벌 물품의 디자인 ┃

등록 디자인 제30-0808096호

한 벌 물품의 디자인은 여러 개의 디자인 구성 요소가 결합되어 있으므로, 디자인권의 권리 범위가 좁을 수밖에 없습니다. 따라서 만일 한 벌의 물품이 아닌 개별적인 물품으로 등록이 가능하다면 각각 별개로 등록하는 것이 바람직합니다. 이러한 이유로 '한 벌 물품의 디자인'은 앞의 예시처럼 여러 물품이 모여 미적 가치가 뛰어날 때 이용되는 편입니다.

이 외에도 통일성과 상관없이 여러 개의 디자인을 한꺼번에 디자인 등록 신청하는 경우가 있습니다. 복수 디자인이라고 부릅니다. 다음과 같은 메모지 디자인은 각각 다른 감자칩, 나쵸칩, 쿠키 형태의 디자인이지만 하나의 서류에 모두 모아두면 관리하기 편리합니다. 하지만 복수 디자인은 각각 다른 디자인이므로 디자인권도 디자인마다 별개이며 비용도 디자인 개수만큼 소요됩니다. 한 벌 물품의 디자인과 달리, 복수 디자인으로 등록되어도 권리 범위가 좁아지지 않습니다.

| 복수 디자인 |

등록 디자인 제30-0630587[M01]~[M06]호

> **부분 디자인, 한 벌 물품의 디자인, 복수 디자인**
> **각각의 제도가 의미하는 바를 이해하면,**
> **제품에 적합한 디자인권이 확보될 수 있습니다.**

똥 모양 빵 디자인,
상표로 등록할 수 있을까

2011년 김○○ 씨는 다음과 같은 '똥빵' 모양을 입체상표로 상표 등록을 신청하였지만, 특허청은 상품의 형상과 관련된 상표로 판단하여 등록을 거절하였습니다. 이에 김○○씨는 특허심판원을 거쳐 특허법원에 소를 제기하기에 이릅니다. 이 소송에 주식회사 어린농부가 참가하게 됩니다.

특허법원은 어린농부가 2008년부터 '똥 모양의 빵'을 제조하여 판매하였고, 똥의 형상과 모양을 빵에 적용했다는 참신함으로 인하여 언론에 다수 보도되어 '똥 모양 빵'이 이미 널리 알려진 반면, 김○○ 씨가 똥빵을 판매하여 '똥 모양 빵'이 유명해진 것은 아니라고 판단했습니다. 이러한 판단을 토대로 '똥 모양 빵'을 직감시키는 김○○ 씨의 상표는 등록받을 수 없다고 결론 내립니다. 즉, '똥 모양 빵'의 형상은 어린농부에 의하여 유명해졌다고 볼 수 있을지언정, 김○○ 씨에 의해서 유명해진 것이 아니므로 똥 모양 빵의 형상이 김○○ 씨의 브랜드라고 인정할 수 없다고 판단한 것입니다.

| 김○○ 씨가 신청한 상표 |

상표 신청(출원)번호 제40-2011-0053603호

똥 모양 빵의 형상은 물품의 외관에 관한 것으로 본래 디자인
으로 등록할 수 있습니다. 그런데 김○○ 씨는 디자인이 아닌 상
표 등록을 신청했습니다. 잠시 디자인과 상표의 차이점을 살펴
보시죠. 상표는 보통 브랜드라고 합니다. 브랜드는 농장에서 자
신이 키우는 소를 '식별'하기 위하여 소의 피부에 인장을 찍는 것
에서 유래했다고 합니다. 즉, 상표는 자신의 상품을 다른 상품과
식별하는 기능을 합니다. 디자인과 상표는 본래 다른 영역이지
만, 요즘은 디자인이 상표가 되기도 하고 상표가 디자인적으로
사용되기도 합니다.

이렇게 디자인의 대상이 되는 입체적인 형성을 상표로 신청하면, 우리에게 다소 생소한 '입체상표'라고 합니다. 입체상표란 3차원적인 입체적인 형상 자체 또는 입체적 형상에 문자 등을 결합한 상표를 말합니다. 우리가 잘 알고 있는 입체상표는 코카콜라 병, KFC 할아버지 인형입니다. 요즘 많이 회자되는 트레이드 드레스(Trade Dress)와 일맥상통하지요. 트레이드 드레스는 상품이나 서비스의 총체적인 이미지를 뜻하는 것으로 입체상표보다는 더 넓은 개념입니다.

입체상표는 물품의 외관 디자인을 보호하는 「디자인보호법」의 보호 대상과 중첩되며, 입체적 형상이 대체적으로 상품의 출처를 표시하기보다는 디자인적 요소가 많으므로 논란이 되고 있습니다. 어떤 입체적 형상이 상표로 등록받기 위해서는 입체적 형상 자체가 소비자에게 브랜드로 인식되어 소비자가 상품을 식별할 수 있어야 합니다. 대체로 유명한 상품이거나 오랫동안 판매되어 온 상품의 형상은 소비자에게 브랜드로 인식되기 마련입니다.

입체상표의 대표적인 예는 롯데 아이스크림인 스크류바, 수박
바, 죠스바입니다. 이 중 스크류바를 예로 들어 설명하면, 스크
류바에 대한 입체상표 등록을 신청하자 특허청에서 상품의 형상
을 표시하는 상표라는 이유로 거절되었지만, 롯데는 특허청의
거절 결정에 불복하여 특허심판원에서 '사용에 의한 식별력'을
인정받았습니다.

┃ 롯데 아이스크림 입체상표 ┃

상표등록 제40-1036102호, 제40-1036104호, 제40-1138531호

구체적으로 특허심판원(2012원8802)은 스크류바가 입체상표로

등록될 수 있는 이유를 다음과 같이 설명하고 있습니다.

이 사건 상표의 경우 전체적인 형상이 다수의 굴곡진 홈통이 규칙적으로 세로로 배열되면서 상하 방향으로 비틀림 구조를 가지는 독특한 형상을 가지는 것으로서 아이스크림의 일반적인 형상이라 할 수 없으며, 그 형상 자체가 누구나 사용을 원하거나 흔히 사용되고 있는 형상도 아닐 뿐만 아니라 아이스크림 제품을 구성하는 데 필연적으로 사용되거나 일반적으로 널리 사용되는 형상으로도 볼 수 없다.

또한, 이 사건 상표가 사용된 청구인의 아이스크림 제품(스크류바)이 1985년 출시된 이래 누적 판매량과 매출액이 각 22억 개, 3,000억 원에 달하는 점, 2000~2009년 집계된 광고비만 하더라도 약 54억 원에 달하고 이 사건 출원상표의 입체적 형상 그대로 광고에 지속적으로 노출된 점, 이 사건 출원상표의 독특한 모양을 강조하는 '이상하게 생겼네. 롯데 스크류바. 빙빙 꼬였네. 들쑥날쑥해. 롯데 스크류바'라는 가사의 CM송을 제작하여 광고하여 널리 알려진 점 등을 고려해 볼 때, 이 사건 상표는 아이스크림 관련 상품 분야에서 청구인의 상표로 인식되어 당해 지정상품의 출처표시 기능을 충분히 발휘하고 있다고 할 수 있다.

결국, 이 사건 상표는 비록 막대형 아이스크림 형상을 모티브로 하고는 있으나, 입체상표로서 지정상품에 사용되고 있을 뿐만 아니라, 지정

상품과 관련하여 볼 때 외관상 식별력이 인정되며, 다수인이 현실적으로 사용하고 있다는 근거도 없고, 공익상 특정인에게 독점시키는 것이 부적합하다고도 볼 수 없다.

롯데 스크류바는 판매량이 많고 판매 기간도 길며, 특히 우리 귀에 익숙한 '이상하게 생겼네. 롯데 스크류바. 빙빙 꼬였네. 들쑥날쑥해. 롯데 스크류바'라는 가사의 CM송 등으로 광고한 점들을 인정받았습니다. 이렇게 오랫동안 사용된 결과, '스크류바'라는 글자가 표시되어 있지 않더라도 우리는 스크류바를 알아볼 수 있습니다. '스크류바'라는 글자가 아닌 스크류바의 아이스크림 형상 자체가 브랜드가 되었습니다.

김○○ 씨가 똥 모양 빵을 입체상표로 상표 등록 신청하였지만, 특허법원은 똥 모양 빵의 형상이 널리 알려진 이유가 주식회사 어린농부 때문이라고 판단하였습니다. 스크류바의 입체적인 형상은 롯데에서 오랫동안 사용하여 롯데 아이스크림의 브랜드가 되었지만, 똥 모양 빵의 입체적인 형상은 적어도 김○○ 씨의 사용으로 브랜드로서의 힘을 얻은 것은 아니라는 뜻입니다. 결론적으로 자신이 사용한 입체적인 형상이 브랜드로 인식되었을 때 상표로서 등록될 수 있습니다.

입체적 형상이 상품의 형상을 표시하는 것이 인식되지 않을 정도로 매우 특이한 형상일 경우에도 상표로 등록할 수 있습니다. 또 다른 방법은 식별력이 있는 문자나 도형과 입체적 형상을 결합시키는 경우입니다. 현재 이러한 방법으로 입체적 형상이 상표로 등록된 경우가 많습니다. 하지만 문자나 도형과 결합된 입체상표는 상표권자나 다른 사람에게 오해를 불러일으킬 수 있습니다. 입체적 형상이 아닌 '문자나 도형'이 출처 표시 기능, 즉 상표로서 기능한다는 이유로 등록된 것인데, 식별력 없는 입체적 형상도 상표라고 오해할 수 있습니다. 이러한 오해로 말미암아 불필요한 분쟁이 발생할 수 있어 주의가 필요합니다.

앞에서 언급한 것처럼, 비록 김○○ 씨는 똥 모양 빵에 대해서 입체상표를 등록시키지 못했지만 다음과 같은 매우 특이한 빵 모양을 입체상표로 등록시켰습니다. 김○○ 씨는 다양한 상표권과 디자인권을 확보하여 사업을 보호하는 동시에 비즈니스에 활용하고 있으며, 이는 지식재산 경영을 통해 성공한 사례라 할 수 있습니다.

┃ 김○○ 씨의 입체상표권 ┃

상표등록 제40-0957147호, 제40-0958729호

그렇다면 특허법원 소송에 참가한 어린농부는 자신이 사용한 '똥빵' 디자인을 입체상표로 등록시킬 수 있을까요? 특허법원은 어린농부가 2008년 11월경부터 '똥 모양의 빵'을 제조 및 판매하여 왔고 2012년 11월 19일 당시에는 일반 수요자들에게 '똥 모양 빵'이 잘 알려져 있었다고 판단한 바 있습니다. 따라서 어린농부는 '똥빵'의 입체적 형상에 대해 사용에 의하여 자신의 브랜드로 인식되어 있다는 점을 주장하며 입체상표 등록을 노려볼 만합니다. 입체상표로 등록되는 일이 쉽지 않지만, 일말의 가능성이라도 있다면 시도해볼 만합니다. 만일 상표 등록이 된다면 '똥빵' 모양 디자인에 대해 반영구적인 권리를 취득하는 결과를 얻을 수 있습니다.

> **입체적 형상은 일반적으로 디자인으로 등록되지만,
> 입체상표로 등록된다면 디자인권과 상표권 모두를
> 비즈니스에 활용할 수 있습니다.**

브랜드,
기업의 가치를
결정하다

PART

4

펭수,
상표를 선점당하다

EBS 캐릭터인 '펭수'에 대해 EBS가 아닌 다른 사람들이 먼저 상표 등록을 신청하여 논란이 되고 있습니다. '펭수'에 대한 상표권이 사회적 관심사가 되자, 특허청은 상표 사용자의 정당한 신청이 아니고 상표 선점을 통해 타인의 신용에 편승하여 경제적 이익을 취득하려는 부정한 목적이 있는 신청이라고 판단하고 이에 대한 상표 심사를 강화하겠다고 밝혔습니다.

출처: 자이언트 펭TV

이러한 논란이 발생되는 이유는 원칙적으로 먼저 상표를 신청하지 않으면 등록받을 수 없기 때문인데요. 일반적으로 이해하기 어려운 현상입니다. 특허청 입장은 EBS가 아닌 다른 사람들이 '펭수'에 대한 상표를 먼저 신청했더라도 예외적인 상표법 규정을 적용하여 상표 등록을 거절하겠다는 의미입니다. 또 다른 사례로 '꼬꼬면' 상표가 있습니다.

꼬꼬면은 이경규 씨가 예능 프로그램인 <남자의 자격>에서 선보인 라면입니다. 꼬꼬면은 하얀색 국물 라면이라는 트렌드를 만들어낼 정도였지요. 하지만 이경규 씨가 꼬꼬면이라는 상표를 신청하기 전에 다른 사람이 상표로 신청하는 일이 생겼습니다. 이렇게 되면 이경규 씨는 꼬꼬면을 상표로 등록하지 못하게 됩니다. 아무리 이경규 씨가 예능 프로그램에서 꼬꼬면이라는 브랜드를 만들었더라도 먼저 상표를 신청하지 않으면 등록받을 수 없습니다.

| 꼬꼬면 |

출처: 팔도 홈페이지

실제 현실에서는 브랜드를 개발하기 위하여 많은 시간과 비용을 투자하기 때문에 창작적 요소가 있기 마련이지만, 법에서 상표는 선택하는 행위이지 창작이 아니라고 합니다. 상표를 창작 활동이라고 하여 창작한 사람에게 상표권을 준다면 다른 사람이 무단으로 권리를 가져갈 수 없습니다. 반면 상표를 선택하는 행위로 본다면 어떤 주머니에 수많은 상표가 있는데 그중 하나를 누가 먼저 꺼내어 선택하느냐가 중요하게 됩니다. 상표는 법률상 '선택'하는 행위이므로, 상표를 가질 수 있는 권리는 원칙적으로 누가 먼저 선점하느냐에 따라 결정됩니다. 꼬꼬면도 다른 사람이 상표로 선점한다면 이경규 씨가 권리를 주장할 수 없게 됩니다.

꼬꼬면이 시청자에 의하여 선점당했다는 언론 보도가 이어지자, 이 사람은 상표 신청을 취소합니다. 다행히 해프닝으로 끝났지만, 꼬꼬면 사례가 시사하는 바가 있습니다. 자신의 사업을 위하여 상표를 만들고 홍보하거나 제품을 판매하기 전에 상표를 신청하지 않는 것은 상당히 위험합니다. 다른 사람이 똑같거나 비슷한 상표를 사용한다면 소비자에게 혼동을 주게 되며, 다른 사람이 먼저 상표를 신청한다면 사업 도중에 상표를 변경해야 하는 어려움에 처하게 됩니다. 사업 준비가 어느 정도 완료되면 상표를 신청해두는 일을 잊지 말아야겠습니다. 특히 스타트업이나 중소기업은 갑자기 사업이 어느 정도 궤도에 오르더라도 펭수처럼 유명한 브랜드가 되었다고 보기 어렵기 때문에, 자신의 상표를 보호해달라고 주장하기 쉽지 않습니다.

시청자의 꼬꼬면 상표 신청이 취소되자, 이경규 씨는 '꼬꼬면'이라는 상표를 신청하여 다음과 같이 상표권을 확보했습니다. 당시 이경규 씨는 팔도와 상표권 라이선스를 체결하고 매출의 2%를 로열티로 지급받는 것으로 알려져 있습니다. 이렇게 상표권을 확보하고 직접 사업하지 않거나 사업하기 어려울 때는 상표권을 양도하거나 상표권에 대한 라이선스 계약을 체결하여 수익을 창출할 수 있습니다. 특히 프랜차이즈의 경우 상표권을 이용하여 가맹점을 모집하고 라이선스 계약에 따라 로열티를 꾸준히 걷어들이는 사례가 많습니다.

┃ 꼬꼬면 상표권 ┃

상표등록 제40-0906739호

> **상표는 창작이 아닌 선택하는 행위로 취급되므로,
> 먼저 신청일을 선점하는 성급함을 가져야 합니다.**

한편 특허청이 발간한 『중국 상표 보호의 모든 것』에 따르면, '설빙'은 2014년도 한류 드라마 〈피노키오〉의 성공을 계기로 중국 상해의 1호점을 내며 본격적으로 중국 진출을 추진하였으나 현지에서 상표권 미확보 및 유사 영업 행위에 대한 대응 미흡 등으로 원활한 현지 진출에 큰 어려움에 부딪치게 됐다고 합니다. 이들 유사 카페는 간판뿐만 아니라 종업원 복장, 고객 대기용 진동 벨, 냅킨까지 설빙의 부자재를 그대로 베껴서 영업을 하고 있는 경우가 대부분이었고, 심지어 이들 짝퉁 업체 중에는 상표권까지 선점하여 우리 기업의 해외 진출을 방해하고, 중국에서 가맹점을 모집하는 사례도 있었다고 합니다. 최근에는 중국 프랜차이즈 업체가 설빙을 상대로 소송을 제기하였습니다. 상표 라이선스를 체결하여 중국에서 프랜차이즈를 운영하였으나 짝퉁 업체로 인하여 영업을 할 수 없다며, 9억 5천만 원의 라이선스 비용을 되돌려달라는 소송이었습니다. 설빙은 1심에서 승소하였으나, 2심에서는 패소하는 등 중국 상표권 때문에 골치 아픈 상황에 처해 있습니다.

| 설빙 상표권 |

출처: 상표등록 제41-0308122호

한국의 전통 디저트를 세계에 알리고 있는 설빙은 왜 중국에서 상표를 선점당했을까요? 중국 상표 브로커는 한국에서 인기를 끄는 브랜드를 중국에 등록하고 있습니다. 특히 한류 열풍으로 그 정도가 매우 심각하지요. 이러한 중국 상표 브로커 행위가 가능한 이유는 한국의 상표권은 한국에서만 효력이 있기 때문입니다.

즉, 상표권은 상표를 등록한 국가에만 효력이 있습니다. 어느 국가의 법률이 그 국가에만 미치는 것은 당연하지만, 각 나라마다 상표 등록을 별도로 해야 한다고 말하면 어떤 사람들은 놀라기도 합니다. 하지만 국내 시장을 넘어 글로벌 시장에서 경쟁하려면 해외에 상표를 등록하는 것은 불가피한 일입니다.

**66 상표권은 상표를 등록한 국가에만 효력이 있으므로,
해외 시장에 진출한다면 해외 국가에서 상표권을 확보해야 합니다. 99**

그렇다면 전 세계에서 상표권을 확보해야 할까요? 이는 해당 브랜드의 중요성과 경영적 판단에 따라 달라집니다. 해당 브랜드가 중요한 경우에는 많은 국가에서 상표권을 확보하는 것이 좋겠지만, 여러 국가에 상표 등록을 신청하려면 많은 비용을 투자해야 합니다. 특히 다양하고 많은 수의 상표권을 확보해야 하는 경우에는 비용이 기하급수적으로 증가하게 됩니다. 따라서 필요한 주요 국가에만 선택적으로 상표 등록을 신청하는 것이 일반적입니다. 보통 기업에게 상표권이 필요한 주요 국가는 어떻게 결정될까요? 그 제품의 주요 소비시장에 해당되는 국가에 상표를 등록하는 것이 마땅합니다. 보통 중국, 미국, 유럽 국가 등에 많은 상표가 신청되고 있습니다.

　　한국 기업이 한국에서 상표 등록을 신청한 후, 해외 국가에서 상표 등록을 신청하기 위해서는 일정한 시간이 필요합니다. 각국의 언어와 제도가 다르기 때문입니다. 만일 한국에서 상표 등록을 신청하고 중국에 상표 등록을 신청하기 위하여 준비하고 있는데, 다른 사람이 중국에 먼저 상표 등록을 신청할 수도 있습니다. 이러한 경우 중국에서 먼저 상표 등록을 신청하지 않았기 때문에 등록을 받지 못하는 불이익을 받습니다. 참으로 억울한 일이지요.

이러한 문제점을 인식하고 아주 오래 전에 세계 대부분의 국가
가 조약을 체결했습니다. 예를 들어, 한국에서 상표 등록을 신청하
고 6개월 내에만 중국에 상표 등록을 신청하면, 그 사이에 일어난
일 때문에 불이익을 주지 않기로 하였습니다. 즉, 한국에서 상표 등
록을 신청하였기 때문에 전 세계적으로 상표 등록을 신청할 수 있
는 '우선권'을 부여하는 것입니다. 다만 6개월이라는 기간을 지켜야
만 합니다. 현실적으로 상표 등록을 신청하면 심사를 받기 위하여
차례를 기다리며 대기만 하다가 신청일로부터 6~7개월 무렵 심사
결과가 나옵니다. 이러한 심사 결과와 우선권 기간이 동시에 도래
하는 문제점이 있기 때문에, 빠르게 심사 결과를 받기 위하여 우선
심사를 신청할 수 있습니다. 우선 심사를 신청하면 상표 등록 가능
성을 1~2개월 만에 알 수 있게 됩니다. 디자인권과 비교하면, 상표
등록 신청을 위한 우선권 기간은 상대적으로 중요성이 떨어집니다.
디자인은 창작이므로 우선권 기간을 지키지 않은 상태에서 제품을
판매하거나 디자인이 세상에 알려진다면, 디자인이 새롭지 않다는
이유로 해외에서 디자인을 등록 받을 수 없습니다. 반면 상표는 창
작이 아닌 선택이므로 상표가 세상에 알려지더라도 우선권 기간이
지난 후에 해외에서 상표를 등록 받을 수 있습니다. 상표는 새롭지
않다는 이유로 거절되는 경우는 없기 때문입니다.

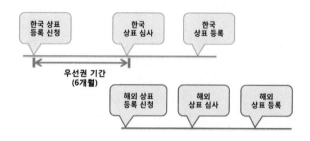

| 해외 상표 신청을 위한 우선권 기간 |

> **한국에서 상표 등록을 신청한 후 우선권을 주장하면서
> 6개월 내에 해외 국가에 상표 등록을 신청할 수 있습니다.**

    우선권을 주장해서 6개월 내에 각 국가마다 상표 등록을 신청하더라도 여전히 불편함이 있습니다. 각 국가의 언어와 제도에 맞게 상표 등록을 별도로 신청해야 하기 때문입니다. 이러한 불편함을 해소하기 위하여 국제 상표를 등록하는 제도를 만들었습니다. 하나의 언어로 한 번만 상표를 등록하면 여러 국가에서 효력이 생기게 됩니다. 국제 상표는 한국 특허청에 제출하면 됩니다. 참으로 편리한 제도입니다. 다만 국제 상표를 등록하기 위해서는 반드시 한국 상표에 기초해야 합니다. 이는 국제 디자인 등록과 다른 점입니다. 국제 디자인 등록은 한국 디자인을 신청하지 않은 상태에서도 제출할 수 있습니다.

한국 특허청에 국제 상표를 제출한 날이 그대로 '국제 등록일'이 됩니다. 그리고 존속 기간은 국제 등록일로부터 10년이며 하나의 국제 등록을 갱신하면서 상표권을 관리할 수 있습니다. 국제 등록 이후에 신청인이 지정한 국가에서 심사되지만, 문제없이 심사가 통과된다면 국제 등록이 그대로 유효하게 되며, 심지어 해외 국가의 대리인을 선임할 필요도 없습니다. 지정 국가에서의 심사 기간은 일정하게(한국은 18개월) 정해져 있기 때문에 상표권의 취득 여부를 확실히 파악할 수 있는 장점이 있습니다. 국제 상표에 대한 협정의 가입 국가 및 기구는 충분한 상태이므로 많은 기업이 활용하고 있습니다.

> **국제 상표를 등록하면 여러 국가에서 효력이 발생하는 '세계 상표권'을 확보할 수 있습니다.**

┃ 마드리드 국제출원 가입 국가 ┃

출처: WIPO, Madrid yearly review 2018

새우깡.
새우로 만든 과자라는 뜻인가,
브랜드인가

━━━

농심 새우깡이 인기리에 판매되는 상황에서, 1986년 삼양식품은 다음과 같은 상표 등록을 신청합니다. 또한 삼양식품은 농심의 '새우깡'에 대한 등록상표 제40-0029862호를 무효화시키기 위한 심판을 청구하게 됩니다. 삼양식품과 농심은 '새우깡'이라는 상표를 두고 서로 물러설 수 없는 법적 분쟁에 빠져듭니다. '새우깡'은 새우로 만든 과자라는 뜻인데 누구나 사용할 수 있는 것일까요? 아니면 농심만 '새우깡'이라는 브랜드를 사용할 수 있을까요?

▌ 삼양식품의 상표 등록 신청 ▐

삼 양

새
우
깡

상표등록 신청번호 제40-1986-0013416호

출처: 새우깡 홈페이지

상표는 보통 브랜드라고 합니다. 브랜드는 농장에서 자신이 키우는 소를 '식별'하기 위하여 소의 피부에 인장을 찍는 것에서 유래했다고 합니다. 즉, 상표는 자신의 상품을 다른 상품과 식별하는 기능을 합니다. 상표는 기본적으로 '식별할 수 있는 힘'이 있어야 합니다. 누구나 사용해야 하는 상표는 혼자서 독점할 수 없습니다. '식별할 수 있는 힘'이 있는지는 그 상표가 사용되는 상품과 관련하여 따져보아야 합니다. 특허청은 상표 등록의 편의를 위하여 세상의 모든 상품과 서비스업을 45가지로 구분하고 있습니다. 이를 '상품류' 구분이라고 부릅니다. 상품은 1~34류로 구분되어 있으며, 서비스업은 35~45류로 분류되어 있습니다. 예를 들어, 화장품·치약은 제3류로 구분되어 있고, 커피·빵·과자는 제30류로 구분되어 있습니다. 상품류는 국제적으로 구분되는 분류이면서 특허청에 납부하는 비용을 결정하게 됩니다. 상품류의 개수가 증가하는 만큼 특허청에 납부하는 비용도 비례하여 증가합니다. 각 상품류를 자세히 살펴보면 '유사군 코드'라는 것이 있습니다. 유사군 코드란 말 그대로 상품 또는 서비스업의 유사 범위를 표시하는 식별기호입니다. 예를 들어 제25류는 의류, 신발, 모자에 대한 상품류인데, 신발의 유사군 코드는 G270101이며, 모자의 유사군 코드는 G450501입니다. 따라서 신발과 모자는 유사한 상품이 아니며, 동일한 상표가 신발과 모자에 존재할 수 있습니다.

상표를 등록받을 때는 반드시 상품이나 서비스업이 지정되어야 하며, 이에 따라 상품류와 유사군 코드가 자연스럽게 결정됩니다. 상품은 다양한 명칭이 있기 마련인데, 특허청은 상품의 명칭을 정리하여 배포하고 있습니다. 특허청에서 배포한 명칭을 반드시 따를 필요는 없으나 이 명칭을 참조하는 것이 바람직합니다. 또한 예정된 사업 계획을 고려하여 상품의 명칭을 좀 더 포괄적으로 기재할 수도 있습니다. 예를 들어 현재 사업 분야가 제3류의 스킨, 로션이라면 좀 더 포괄적인 '화장품'을 포함하여 지정상품을 기재할 수도 있습니다.

> **상표는 지정된 상품과의 관계에서
> '식별할 수 있는 힘'이 있어야 등록될 수 있습니다.**

상품에 대해 알아보았으니 이제 다시 '식별할 수 있는 힘'에 대해 이야기하겠습니다. 누군가 '사과'라는 상품에 대해 '애플'이라는 상표권을 독점하도록 허용할 수는 없습니다 '사과'를 '애플'이라고 부르지 못하는 일이 발생하기 때문이지요. 그러나 만일 '컴퓨터'라는 상품에 '애플'이라는 상표를 누군가 사용하겠다고 하면 이것은 다른 이야기가 됩니다. '컴퓨터'의 브랜드로 '애플'을 누군가 독점하더라도 다른 사람에게 피해가 가지 않기 때문입니다.

'새우깡'은 식별할 수 있는 힘이 있을까요? '새우깡'에서 '새우'는 과자를 새우로 만들었다는 것을 설명하며, '깡'은 과자류에서 관용적으로 사용되는 것입니다. 결국 '새우깡'은 기본적으로 '새우로 만든 과자'라는 뜻으로 사용되어 상표로서 식별할 수 있는 힘이 없습니다. 그런데 문제는 농심이 '새우깡'을 1973년 상표로 등록하고 오랫동안 사용하여, 이제 '새우깡'이라고 하면 '농심의 새우깡'이라고 사람들이 인식한다는 점입니다. 1990년 대법원(90후38)은 농심이 '손이 가요. 손이 가. 새우깡에 손이 가요'라는 CM송으로 광고한 사실과 오랫동안 농심이 상표를 사용하여 소

비자에게 널리 인식된 점을 들어, '새우깡'은 새우로 만든 과자라
는 의미를 넘어 '농심의 새우깡'으로 인식되는 '상표로서 식별할
수 있는 힘'이 있다고 하였습니다. 즉, '삼양 새우깡'이라는 상표
에서 '새우깡'은 농심이 소유하고 있는 상표와 유사하므로 등록
받을 수 없게 된 것입니다. 다만 삼양식품은 새우로 만든 과자
에 '새우깡'이 아닌 다른 상표를 사용하면서 과자 뒷면에 '새우로
만든 과자'를 설명하기 위해서 '새우깡'이라고 표시하는 것은 문
제되지 않을 듯합니다.

'새우깡'이 상표로서 식별할 수 있는 힘이 없다고 했다가 결국
에는 식별할 수 있는 힘이 있다고 하니 참으로 헷갈립니다. 정확
한 이해를 위하여 상표의 '식별할 수 있는 힘'이 강해질 수 있는
방법에 대해 알아보겠습니다.

┃ 식별력에 따른 상표의 구분 ┃

보통명칭 상표 　 성질표시 상표 　 암시적 상표 　 임의선택 상표 　 창작 상표

특허청 심사 기준의 예시를 통해 식별력에 따른 상표의 구분

에 대해 알아보겠습니다. 상품이 '캔디'인 경우를 기준으로 설명합니다. 가장 식별할 수 있는 힘이 없는 상표는 보통명칭 상표입니다. 상품이 '캔디'인데 그 명칭인 'CANDY'를 상표로 선택한다면 식별할 수 있는 힘이 없다는 이유로 등록받을 수 없습니다. 이러한 상표는 자기 상품과 타인의 상품을 구별하게 해줄 수 없으며, 특정인이 독점하는 것이 적합하지 않습니다. 보통 사람들은 상품의 특성을 직접적으로 설명해주는 상표를 자신이 갖고 싶어 합니다. 이렇게 상품의 성질을 표시하는 상표를 '성질표시 상표' 또는 '기술적 상표'라고 합니다. '성질표시 상표'가 자주 문제되는 이유는 다른 사람이 상품을 설명하는 상표를 사용하지 못하도록 하고 싶은 심리 때문입니다. 예를 들어, 상품이 '캔디'인데 'SWEET'를 상표로 선택한다면 원칙적으로 등록 받을 수 없습니다. '캔디'가 달콤하다는 문구를 특정인만 상표로 사용하도록 허용할 수 없다는 이유입니다.

만일 상품의 성질을 직접 설명하지 않고 간접적으로 암시하는 정도의 상표라면 식별할 수 있는 힘이 있으므로 등록 받을 수 있습니다. 예를 들어 상품이 '캔디'인데 'SWEETARTS'라는 상표를 선택했다면 등록 받을 수 있습니다. 'SWEET'라는 상표와 다르게 'SWEETARTS'는 식별할 수 있는 힘이 있다고 여기기 때문입니다. '성질표시 상표'인지 '암시적 상표'인지 경계가 애매한 경우가 많은 편입니다. 더 나아가 상품과 관련이 없는 용어를 상표로 선택한다면 상표 등록을 받을 수 있습니다. 이를 '임의선택 상표'라고 합니다. 예를 들어 상품이 '캔디'인데 'PRINCE'라는 상표를 선택한다면 식별할 수 있는 힘을 인정받을 수 있습니다. 더 강력한 상표는 세상에 없던 용어를 만드는 것입니다. '창작 상표' 또는 '조어 상표'라고 합니다. 예를 들어 상품이 '캔디'인데 세상에 없던 용어인 'HONIVAL'를 상표로 선택한다면 식별할 수 있는 힘이 강력하여 등록이 가능합니다.

이렇게 식별할 수 있는 힘이 없는 상표에 대해서 법에서는 예시적으로 나열하고 있습니다. 보통명칭 상표, 관용적으로 사용되는 상표, 성질표시 상표, 지리적 명칭, 간단하고 흔히 있는 상표가 대표적입니다. 특히 상표에 지리적 명칭을 사용하는 경우가 많습니다. 법에서 '현저한' 지리적 명칭은 상표 등록을 받을 수 없다고 규정하는데, 특허청 심사기준에서 국가, 도, 시, 군, 구의 명칭과 관광지, 번화가 등의 명칭을 말한다고 합니다. 예를 들어, '천마산 곰탕'이라는 상표에서 '천마산'은 경기 양주군 화도면과 진건면 사이에 위치한 산으로 스키장 등 겨울 레저 스포츠 시설이 설치되어 있고, 사시사철 산을 오를 수 있도록 등산로가 개설되어 있는 등으로 일반 수요자나 거래자에게 널리 알려져 있으므로, '천마산'은 현저한 지리적 명칭에 해당하여 상표로 등록받을 수 없다고 대법원(90후600)이 판시하였습니다.

식별할 수 있는 힘이 없는 상표 중 성질표시 상표, 지리적 명칭 등이 오랫동안 사용되어 소비자에게 특정인의 상표로 인식되면 예외적으로 상표로 등록될 수 있습니다. 앞에서 설명드린 '새우깡'은 새우로 만든 과자라는 뜻이지만 농심이 오랫동안 사용하여 식별할 수 있는 힘을 얻게 되었습니다. 즉, '새우깡'이라고 하면 새우로 만든 과자라는 의미를 넘어서서, '농심 새우깡'을 의미한다고 소비자에게 인식되었다는 것이지요. 이렇게 예외적으로 상표를 인정받으려면, 상표의 사용 기간, 판매량, 시장 점유율, 광고의 방법 및 횟수 등을 입증 자료로 제출해야 합니다.

한편 원래 식별할 수 있는 힘이 있는 상표라도 너무 유명해지면, 상품의 보통명칭으로 불릴 수 있습니다. 대표적인 예가 '초코파이'입니다. 1974년부터 '오리온 초코파이'를 사용하였지만, '롯데', '크라운', '해태' 등 경쟁업체가 1979년경부터 초코파이 표장을 상품명으로 광범위하게 자유롭게 사용하게 되었고, 각종 언론 매체에서도 마치 '초코파이'가 상품의 종류를 나타내는 보통명칭인 것처럼 사용하여 온 결과, '초코파이'는 원형의 작은 빵과자에 마시멜로를 넣고 초콜릿을 바른 제품을 의미하는 것으로 소비자에게 인식되어, '초코파이'라는 상표는 상품의 보통명칭으로 되어 식별력을 상실했다고 하였습니다. 이러한 특허법원 판결(99허185)에 따라 이제 '초코파이'라는 명칭은 오리온뿐만 아니라 누구나 사용할 수 있게 되었습니다.

> **보통명칭, 성질표시, 지리적 명칭에 대한 상표는 등록받을 수 없으며, 추후 식별할 수 있는 힘을 얻게 되면 예외적으로 등록이 허용될 수 있습니다.**

커피빈,
'커피 원두'가 아닌
'콩다방'으로 애칭되다

   '식별할 수 있는 힘'이 없는 상표는 등록을 포기해야 할까요? 포기할 수 없다면 보통 도형 또는 엠블럼을 결합시켜 상표를 등록하게 됩니다. 보통 도형은 식별할 수 있는 힘이 있다고 말합니다. 그 도형이 상품 자체 또는 상품의 성질을 직접 표시한다고 판단될 확률이 문자에 비해 낮기 때문입니다. 그렇다고 다른 사람이 가지고 있는 저작물을 이용하여 상표를 등록하는 경우, 등록한 상표를 사용하면 저작권을 침해할 수 있으니 주의해야 합니다.

   성질표시 상표에 도형을 결합한 예시는 '커피빈'입니다. 우리가 알고 있는 커피 전문점 '커피빈'은 다음과 같이 상표를 커피, 홍차라는 상품에 대해 등록시킵니다.

| 커피빈 상표권 |

상표등록 제40-0438428호

이 상표에서 'Coffee Bean'과 'Tea Leaf'는 커피 원두와 찻잎을 설명하는 문구로 '식별할 수 있는 힘'이 없습니다. 하지만 좀 단순해 보이기는 하지만 도형 때문에 상표 등록이 가능했겠지요. 상표에 '식별할 수 있는 힘'이 없다고 말하면, 어떤 사람들은 수식하는 문자를 길게 붙여서 등록해달라고 합니다. 예를 들어, '맛있는 사과'는 '사과'에 대해서 식별할 수 있는 힘이 없으니 등록이 불가능하다고 하면 '대구에서 나오는 정말 맛있는 사과'라고 수식어나 부기적인 요소를 붙입니다. 하지만 이러한 조치는 '식별할 수 있는 힘'을 얻는 데 도움이 되지 못합니다. 오해하지 말아야 할 부분입니다.

커피빈은 식별력 있는 도형과 식별력 없는 문자를 합쳐서 상표를 등록하고, 커피 전문점 사업에서 큰 성공을 거두게 됩니다. 이러한 상황에서 다음과 같은 상표가 등록됩니다.

▌ 코리아세븐의 상표 등록 ▌

coffee bean cantabile

상표등록 제40-0802230호

코리아세븐이라는 회사는 커피 등에 'coffee bean cantabile'이라는 상표를 등록받았는데, 커피 전문점으로 유명해진 커피빈은 자신의 상표권과 혼동될 수 있다는 이유로 문제를 제기합니다. 커피빈의 상표권에서 'coffee bean'은 본래 식별할 수 있는 힘이 없었으나 다음과 같은 이유(대법원 2011후835)로 식별력이 생겼다고 인정받습니다. 상표가 식별력이 없더라도 다음과 같이 상표의 사용 기간, 판매량, 시장 점유율, 광고의 방법 및 횟수 등을 입증 자료로 제출하면 추후 식별력을 인정받을 수 있으므로 참조할 만한 내용입니다.

'Coffee bean'을 사용하는 매장이 2001.5.10. 청담점 1호점으로 개설된 이후, 2007년 말까지는 총 111개, 2008년 말까지는 총 148개, 2009년 말까지는 총 188개의 매장이 전국적으로 개설된 사실, 이들 매장을 관리하는 주식회사 커피빈코리아의 매출액은 2006년 350억 원, 2007년 679억 원, 2008년 917억 원, 2009년 1,112억 원을 기록한 사실, 2008.5.1.자 《머니투데이》에는 "세종로 중앙청사에 외국계 커피전문점 '커피빈'이 들어온다"라는 제목의 기사가 (중략) 실린 사실, 커피빈코리아는 2005년 및 2007년부터 2010년까지 한국서비스품질지수(KS SQI) 1위를 수상하였고, 2007년부터 2010년까지 4년 연속 한국산업 고객만족지수(KCSI) 1위를 수상한 사실 등을 알 수 있다.

2009년 말을 기준으로 Coffee bean을 사용하는 매장의 수가 전국적으로 188개에 이르고, 이들 매장을 관리하는 주식회사 커피빈코리아는 국내에서 제2위의 커피 체인점 업체로서 2009년에 1,112억 원의 연 매출액을 달성하였고 2007년부터 2010년까지 4년 연속 한국산업 고객만족지수(KCSI) 1위를 수상하기도 하였으며, 매장들은 거래계에서 '커피빈'으로 약칭되어 왔고 특히 스타벅스가 '별다방'으로 애칭되는 것과 대비하여 커피빈은 '콩다방'으로 애칭되기도 하였으므로, 이 사건 등록상표의 등록결정시인 2009.9.1. 무렵에는 거래 사회에서 오랜 기간 사용된 결과 그 구성 중 애초 식별력이 없었거나 미약하였던 'coffee bean' 부분이 수 이렇게 'coffee bean' 부분이 '새우깡' 상표처럼 식별력이 있는 상표로 인정되자 'coffee bean cantabile' 상표는 커피빈의 등록 상표와 비슷하다는 이유로 무효가 됩니다. 설령 식별할 수 있는 힘이 있는 상표라도 다른 사람이 먼저 신청하거나 등록한 상표와 비슷하다면 상표로 등록할 수 없습니다. 이 정도면 분명 상표가 다르다고 생각했는데 상표가 서로 비슷하다는 이유로 거절되는 경우도 많습니다.

그렇다면 식별할 수 있는 힘이 없는 문자를 선택하였고 굳이 이러한 상표를 등록해야 할 상황이라면, 도형과 문자를 결합시켜 등록시키고 꾸준히 사용하여 식별력을 취득하는 방법을 고려해볼 수 있습니다. 식별력이 없는 상표의 문자만으로 어떤 권리를 주장할 수 없지만, 일반적으로 동일한 업종에서 동일한 상표(문자)로 사업을 하는 경우는 드뭅니다. 도형과 문자가 결합된 상표를 일단 등록한 후 사업이 성공 궤도에 오르면 문자만을 별도로 사용하면서 소비자에게 인식시키고 문자만의 상표를 등록하는 시도를 해볼 수 있습니다. 이러한 전략은 식별할 수 있는 힘이 없는 상표 또는 식별력이 있는지 없는지 모호한 상표에 적용할 수 있습니다. 다만 식별력이 없으므로 사업이 궤도에 오르지 못하면 다른 사람이 사용하더라도 상표권으로 제재하지 못한다는 한계와 위험이 있습니다.

> " 식별할 수 있는 힘이 없는 문자를 상표로 등록해야 한다면,
> 도형 또는 엠블럼을 문자에 결합시켜 "
> 상표 등록을 추진할 수 있습니다.

한편 이마트는 2016년 7월 18일 화장지 소매업 등에 대해 다음과 같은 상표 등록을 신청합니다.

| 이마트가 신청한 상표 |

상표 신청번호 제41-2016-0033727호

이 상표의 심사 결과, 아직 등록되지 않은 먼저 신청한 상표가 있었습니다. 광진산업이 2016년 7월 11일에 화장지에 대하여 다음과 같은 상표를 신청한 것이지요. 상표가 등록되지 않았더라도 먼저 신청한 상표가 있다면 자신의 상표는 등록받을 수 없습니다. 이마트는 광진산업이 일주일 전에 신청한 상표 때문에 등록이 거절될 위기에 놓이게 됩니다.

┃ 광진산업이 신청한 상표 ┃

상표 신청번호 제45-2016-0005673호

이러한 경우에는 거절의 근거가 된 인용 상표와 자신의 상표가 유사하지 않다고 말할 수도 있겠지만, 인용 상표를 등록받지 못하도록 하거나 등록되었더라도 무효 또는 취소된다면 자신의 상표 등록을 거절한 이유가 해소됩니다. 상표는 창작한 것이 아닌 선택된 것으로 취급하므로, 다른 사람이 먼저 선택한 상표가

사라진다면 자신이 상표 등록을 받을 수 있습니다. 따라서 광진
산업의 상표가 등록되지 않는다면 이마트의 상표가 등록될 수
있습니다. 이마트는 자신의 상표에 대한 심사를 보류되도록 하
면서 광진산업의 상표 심사 결과를 기다리게 됩니다.

광진산업의 상표는 심사 과정에서 이마트의 다음과 같은 등
록 상표 때문에 거절됩니다. 이마트는 화장지 등에 대해 다음과
같은 상표를 2015년 3월 신청하여 2015년 7월 등록받았습니다.
먼저 신청한 상표 때문에 등록받을 수 없는 것과 같은 논리로,
먼저 등록한 상표가 이미 있다면 당연히 상표 등록이 거절됩니
다. 광진산업의 상표와 이마트의 다음 상표는 똑같지는 않지만
비슷해 보이시나요? 상표가 비슷하기만 해도 소비자에게 혼란을
주기 때문에 상표 등록을 받지 못합니다.

❚ 이마트의 등록 상표 ❚

상표등록 제40-1134570호

상표가 비슷한지 판단하려면 일단 '식별할 수 있는 힘'이 어느 부분에 있는지가 중요합니다. 도형과 문자가 결합된 상표에서 전체를 통째로 비교하지 않고 분리해서 판단할 수 있습니다. 사람의 웃는 얼굴을 표현한 도형이 달라 보이더라도 'NO BRAND' 부분만 비슷하다고 판단되면, 두 상표는 비슷하다고 결론 내려집니다. 상표를 전체로 비교하지 않고 분리해서 판단한다는 점을 주의해야 합니다. 전체적으로 다르다고 생각하여 상표 등록을 신청하였지만, 상표 등록을 거절당하는 경우가 자주 생기고 있습니다.

　　특허심판원(2017원1198)은 이마트의 등록 상표와 광진산업이 신청한 상표에 대해 다음과 같이 판단합니다.

> 이 사건 출원상표서비스표는 그 구성상 상단부에 위치하고 있는 사람의 얼굴을 연상케 하는 도형과 하단의 영문자 'NO BRRAND' 부분이 일체 불가분적으로 결합된 것이 아니고 도형과 영문자 부분이 뚜렷하게 구별되므로 이를 접하는 일반 수요자들에게 직관적으로 분리되어 인식될 수 있으며, 영문자 부분도 쉬운 단어로 이루어져 있어 4음절의 '노브랜드'로 자연스럽게 호칭되며, 선등록상표 역시 하단에 배치된 영문자 부분에 의해 4음절의 '노브랜드'로 호칭된다.

그리고 이 사건 출원상표서비스표와 선등록상표에 공통적으로 포함되어 있는 'NO BRAND' 부분은 '상표가 붙어 있지 않은 (상품)'의 의미를 가진 용어로서, 이 사건 출원상표의 지정상품 '화장지, 위생지, 화장지도·소매업, 위생지도·소매업 등'이나 선등록상표의 지정상품 '화장지 등'의 성질을 직접적으로 나타낸다기보다는 광고비를 줄이고 원가를 낮추어 상품의 판매를 촉진하기 위한 간접적이고 암시적인 표현으로 인식된다고 봄이 상당하므로, 양 상표의 구성 중 이 'NO BRAND' 부분은 그 자체로서 상품의 출처를 표시하는 기능을 수행하는 하나의 요부로 볼 수 있어 그 식별력을 부정할 수 없는 부분이라 할 것이다. 따라서 이 사건 출원상표서비스표와 선등록상표는 모두 문자 부분에 의하여 4음절의 '노브랜드'로 호칭되어 그 칭호가 동일하다.

'NO BRAND'가 과연 상품의 성질을 표현하는 상표인지가 중요한데, 특허심판원은 상품의 성질을 직접적으로 나타낸다기보다는 간접적이고 암시적으로 표현했다고 판단했습니다. 'NO BRAND'가 상품의 출처를 표시하는 힘이 있으므로, 이 부분을 비교하여 상표가 유사한지를 판단할 수 있게 되었습니다. 결국 두 상표가 비슷하다는 이유로 광진산업의 상표에 대해 거절 결정이 유지되자 광진산업은 특허심판원의 심결에 불복하여 특허법원에 소송을 제기하지만, 상표 거절 결정은 그대로 유지되었습니다(2018허7347). 광진산업의 상표에 대한 등록 거절이 확정되면서, 심사 보류되었던 이마트의 상표는 거절 이유가 해소되어 상표 등록을 받을 수 있게 되었습니다.

> **먼저 신청하거나 등록된 상표가 있다면
> 자신의 상표는 등록될 수 없으며,
> 이 경우 먼저 신청 또는 등록된 상표가
> 거절, 무효화, 취소될 수 있는지 검토해야 합니다.**

BTS,
혼동되는 상표의 등록을
취소시키다

━━

　방탄소년단의 데뷔 전에 드림스코리아는 백투식스틴(Back To Sixteen)의 약자로서 다음과 같은 상표권을 등록하였습니다. 하지만 실제로 사용한 상표는 다음과 같이 'B.T.S'에서 점(.)과 한글 부분을 제외하고 상품에 표시하였습니다.

｜ 드림스코리아의 상표권 ｜

B. T. S
비티에스

상표등록 제40-1128761호

| 드림스코리아의 사용상표 |

출처: 특허심판원 2019당1209 심결

방탄소년단(BTS)가 소속된 빅히트엔터테인먼트는 영문 'B.T.S'
와 국문 '비티에스'가 2단으로 결합되어 등록된 상표임에도 실제
사용하는 상표는 'BTS'로서 등록상표와 동일하지 않으며, 특히
방탄소년단은 화장품 광고 모델로 활동하고 실제 다음과 같은
제품이 존재한다는 점에서 출처의 혼동이 발생할 수 있다고 주
장하였습니다.

| BTS 합작 화장품 |

출처: 특허심판원 2019당1209 심결

이러한 상황에서 특허심판원(2019당1209)은 드림스코리아는 등록상표의 구성 중 영문 'B.T.S'에서 점(.)과 한글 부분을 제외한 'BTS'만으로 사용하여 등록상표와 동일한 상표의 사용으로 인정할 수 없고 유사한 상표의 사용으로 판단하면서 소비자가 출처의 오인·혼동을 일으킬 수 있으므로, 드림스코리아의 상표 등록을 취소하였습니다. 드림스코리아 입장에서는 'B.T.S'에서 점(.)을 제외했더라도 동일한 정도로 볼 수 있다고 생각했을 텐데 좀 억울할 수도 있겠습니다.

> " 등록된 상표를 변형해서 사용하는 경우,
> 다른 사람의 상표와 혼동이 발생하면 "
> 상표의 등록이 취소될 수 있음을 유의해야 합니다.

한편 상표의 등록 취소와 관련된 다른 사례를 소개합니다. 제주도에서 마실 수 있는 소주인 '한라산' 소주와 '푸른 밤' 소주. 이 소주를 제조 및 판매하는 기업이 바로 한라산과 제주소주입니다. 2014년 한라산은 '올래' 소주를, 제주소주는 '올레' 소주를 출시하면서 두 기업 간의 상표 전쟁이 벌어졌습니다.

한라산은 다음과 같은 '올래' 상표권을 2014년 7월 2일 '올래' 라는 회사로부터 양수합니다. 아마도 한라산에서 '올래'라는 소주를 출시하기 전에 상표권에 대해 조사했을 것입니다. 이미 상표권이 있음을 알고 '올래'라는 회사로부터 상표권을 양수한 것으로 추정됩니다. 이후 한라산은 다음과 같은 '올래' 소주를 출시하였습니다.

┃ 한라산의 올래 상표권 ┃

OLLE
올래

상표등록 제40-0773060호

┃ 한라산의 올래 소주와 제주소주의 올레 소주 ┃

출처: http://www.foodbank.co.kr/news/articleView.html?idxno=41785

같은 해 제주소주는 사진처럼 '올레' 소주를 출시하였습니다. 이렇게 경쟁기업이 비슷한 상표를 사용하여 제품을 출시하였으니 분쟁은 피할 수 없겠지요. 제주소주가 한라산의 'OLLE 올레' 상표권이 3년 이상 사용되지 않았기 때문에 상표 등록을 취소해 달라는 심판(2014당1908)을 청구하면서 상표권 분쟁이 본격화되었습니다.

제주소주가 청구한 심판은 이른바 '상표 불사용 취소심판'입니다. 특허청의 심사를 통하여 상표가 등록된 후 사용하지 않으면 취소될 수 있다고 하면, 놀라는 사람들이 많습니다. 상표권은 법률적으로 창작이 아닌 선택의 결과물로 취급됩니다. 상표를 선택하여 권리화하고 나서 사용하지 않으면 다른 사람의 상표 선택의 자유를 제한하게 됩니다. 상표권을 취득하고 바로 사용하라고 하면 무리가 따르기 때문에, 상표권이 등록된 후 3년의 시간을 준 후 사용하지 않으면 등록을 취소합니다.

오랜 고민 끝에 좋은 상표를 생각해냈지만, 이미 다른 사람이 먼저 등록해둔 경우가 있습니다. 먼저 등록된 상표가 등록 후 3년 이상 사용되지 않았다면 상표권을 취소시키고 자신의 상표를 등록시키는 방안을 검토해야 합니다. 이때 먼저 상표 등록을 신청한 후 '상표 불사용 취소심판'을 신청하는 것이 바람직합니다.

'상표 불사용 취소심판'을 먼저 진행하고 자신의 상표를 신청하면, 상표권자는 비슷한 상표를 신청하여 상표를 뺏기지 않으려고 시도할지도 모르기 때문입니다.

한편 기존에 비슷한 상표권이 있는지 모르고 상표 등록을 신청하였지만 먼저 등록된 상표와 비슷하다는 이유로 거절되는 경우가 발생하기도 합니다. 이런 경우도 자신의 상표를 등록시키기 위해서 '상표 불사용 취소심판'을 통하여 상표권을 취소시킬 수 있습니다. 이와 동시에 심사관에게 상표권이 취소될 때까지 심사를 보류해달라고 요청해야 합니다. 상표 불사용 취소심판을 통하여 상표권이 취소되면 비슷한 상표가 없어진 상황이 만들어지므로, 자신이 신청한 상표는 등록될 수 있습니다. 이렇듯 상표 불사용 취소심판은 등록된 상표를 사용하지 않은 상표권자를 제재하기 위해 존재합니다.

한라산은 'OLLE 올래'라는 상표를 소주에 표시하여 사용하였는데, 제주소주는 무엇 때문에 등록상표를 사용하지 않았다고 주장한 것일까요. 제주소주는 "등록상표를 독자적으로 표시한 것이 아니라 다른 부분인 '한라산'과 불가분적으로 결합시킨 형태이고 '한라산에 올래?' 또는 '한라산에 오겠다'는 의미로 인식되므로 등록된 상표와 비슷한 상표라고 볼 수는 있어도 동일한 상표는 아니다"라고 주장하였습니다.

과연 상표를 동일하게 사용했다고 보는 기준은 무엇일까요? 등록된 상표의 글자체나 색채를 변경하는 정도는 상식적으로 다르다고 할 수 없습니다. 등록된 상표가 동일하게 유지되도록, 주요 부분(요부)를 생략하거나 기본적인 형태를 변형하여 사용하지 않아야 합니다. 상표 등록을 신청할 때부터 앞으로 상표를 어떻게 사용할 것인지 고민해야 합니다. 만일 상표에 많은 요소들을 포함시키고 이 중 일부만 사용하게 된다면 상표권이 취소될 수 있기 때문입니다. 실제 사용할 상표를 신청하거나 상표에 포함된 요소를 최소화시키는 것이 현명합니다. 영어와 한글을 포함한 상표가 등록되고 이 중 일부만 사용한 경우 상표를 사용한 것으로 볼 수 없다고 하였으나, 최근에 대법원은 이 중 일부만 사용하더라도 상표의 사용으로 볼 수 있다고 태도를 변경했습니다. 이러한 경우는 한글과 영어의 발음이 일치될 때만 인정됩니다. 발음이 다르다면 별도의 상표로 등록해야 뒤탈이 없습니다.

또한 다른 글자나 도형을 결합시켜도 등록상표가 독립적으로 유지된다면 동일하게 상표를 사용했다고 볼 수 있습니다. 등록상표가 독립적으로 사용되도록, 다른 부분을 등록된 상표에 추가하여 사용할 때는 등록상표와 구별되도록 표시하는 것이 좋습니다. 추가되는 다른 부분과 등록 상표는 분리하여 배치하거나 크기나 색채를 서로 다르게 할 필요가 있습니다.

이런 기준에 따라 실제 사용상표에서 'olle 올래' 부분과 등록상표인 'OLLE 올래'를 비교할 때, 등록상표인 'OLLE 올래'의 영문자와 한글의 위치나 색채 등이 변형되어 사용되었지만 상표의 동일성을 해칠 정도는 아닌 것으로 보입니다. 또한 실제 사용상표에서 '한라산'과 'olle 올래' 부분이 서로 분리되어 있고 새로운 의미가 있다고 보이지 않네요. 결국 특허심판원은 거래 사회의 통념상 등록상표가 상표로서 동일하게 사용되었다고 판단했습니다. 한라산의 등록상표 'OLLE 올래'는 등록이 취소되지 않았고, 제주소주는 등록상표 'OLLE 올래'와 비슷한 '올레'라는 브랜드를 사용하지 못하게 되었습니다.

> **상표권은 3년간 사용하지 않으면 등록이 취소될 수 있으며, 상표의 일부만 사용하면 동일한 상표로 보기 어렵습니다.**

제주소주는 또 다른 상표 불사용 취소심판을 제기하였습니다. 바로 한라산의 '제주소주'가 포함된 상표권에 대한 취소심판이었습니다. 제주소주 회사 입장에서 보면, 한라산이 가지고 있는 상표에 '제주소주'라는 자신의 상호가 들어가 있어서 마음이 불편했을 것 같네요. 이 심판은 특허법원을 거쳐 대법원까지 상고되면서 최종 판단을 받았습니다.

┃ 한라산의 '제주소주' 상표권 ┃

제주소주

상표등록 제40-0889360호

등록상표를 살펴보면, 도형 부분과 '제주소주' 한글로 구성되어 있습니다. 한라산은 등록상표의 도형 부분을 오랫동안 사용해온 것으로 보입니다. 문제는 한라산이 '제주소주'라는 문자를 포함시켜 상표를 등록시킨 점이었습니다. '제주소주'는 '제주'라는 현저한 지리적 명칭과 '소주'라는 상품의 명칭이 결합되어 상표로서의 식별력이 없는 부분입니다. 이 상표는 도형 부분이 식별력이 있으므로 등록되었을 것입니다. 상표 불사용 취소심판이 청구되자, 한라산은 다음과 유사한 형태의 광고를 통하여 상표를 사용하였다고 주장하였습니다. 자세히 살펴보면 광고지에 스탬프를 인쇄한 것처럼 등록상표(도형+제주소주)가 이용되었습니다.

▍ 한라산 소주의 광고 사진 ▍

출처: 한라산 소주 홈페이지(hallasan0000.cafe24.com)

대법원(2015후2006)은 '도형+제주소주'라는 등록 상표가 소주의 상표로 사용된 것이 아니고, 오히려 '한라산 ORIGINAL'이나 '한라산 올레'가 소주의 상표로 사용되었다고 판단하였습니다. 즉, '도형+제주소주'는 출처를 표시하는 상표로서 사용되지 않았다고 본 것입니다. 이렇게 등록 상표가 광고지에 표시되어 있더라도 상표 등록의 취소를 모면하기 위하여 명목상으로 사용된 것으로 볼 수 있기 때문에, 결국 한라산의 '도형+제주소주'라는 등록 상표는 등록이 취소되었습니다. 여기서 '상표로 사용'했느냐를 따질 때는 상표가 출처를 표시하기 위하여 사용되었는지를 기준으로 합니다. 보통 상품이나 상품의 포장에 상표를 표시하거나 광고하는 것을 말합니다. 서비스업의 경우 상품이 없으므로 서비스업에 대한 광고를 하거나 서비스를 제공할 때 소비자가 이용하는 물건에 상표를 표시하는 행위를 말합니다. 예를 들어, 카페업에 대한 상표를 사용했다고 하기 위해서는 상표를 간판에 표시하거나 소비자가 이용하는 컵, 냅킨에 상표를 인쇄하여 사용하는 것을 의미합니다.

한편 사람들은 상표와 상호를 혼동하는 경우가 많습니다. 예를 들어, 애플 스마트폰의 상표는 '아이폰'이며 상호는 '애플'입니다. 말 그대로 상호는 회사의 명칭이며, 상표는 상품의 브랜드입니다. 물론 요즘에는 상호와 상표가 동일한 경우도 많으며, 회사가 유명해지면 상호를 상표의 일부로 사용하는 경우도 있습니다. 이러한 개념을 이해하지 않고 상호를 상표로 등록하는 경우도 자주 발견됩니다. 상품에 표시되는 상표 또는 브랜드가 별도로 있음에도 상호 자체를 상표로 등록하는 혼선이 발생하고 있습니다. 상호를 상표로 등록해도 상호로 사용될 뿐 상표로서 사용되지 않아 어차피 상표권이 취소될 운명에 처하게 됩니다.

> **상표의 사용은**
> **상품이나 서비스의 출처 표시 기능을**
> **수행한다는 것을 의미합니다.**

지식재산은
우리의
미래다

디자인 모방품
때문에
고민입니다

지식재산으로
경영하라

농업 시대에는 토지가 중요한 요소이기에 영토를 확장하기 위한 전쟁이 빈번했습니다. 그리고 산업 시대에는 자본과 노동력이 경제 성장의 중요한 요소였습니다. 하지만 오늘날 지식경제 시대에는 지식과 혁신이 경제 성장을 이끌고 있습니다. 지식경제 시대에 혁신은 아이디어, 디자인, 브랜드를 기반으로 하며, 아이디어, 디자인, 브랜드를 지식재산권으로 보호함으로써 경쟁력을 지켜냅니다. 세상이 이미 바뀌었다는 말입니다. 우리 모두는 이런 내용을 상식적으로 알면서도 지식재산을 중시하지 않는 현상이 지속되고 있습니다.

더욱 심각한 문제는 우리나라도 제조업 중심의 산업 구조를 탈피해야 한다는 사실입니다. 미국은 일찍부터 제조업에서 일본이나 한국과 경쟁하기 어렵다는 것을 알고, 친특허(pro-patent) 정책을 펼쳤습니다. 즉, 제품을 생산하여 이익을 내는 것을 넘어서서, 지식재산을 통하여 전 세계에서 로열티를 걷어들이는 등

고부가가치를 창출하려 한 것입니다. 이에 일본도 제조업에서 한
국과 경쟁하기 어렵다는 것을 알고 미국과 똑같은 길을 걷게 됩
니다. 우리나라는 일본의 제조 경쟁력을 넘어서며 승승장구하였
지만, 이제는 중국의 무서운 추격을 받고 있습니다. 이러한 상황
에서 제조업 중 경쟁 우위를 지킬 수 있는 부분을 제외하더라
도, 미국과 일본이 그랬던 것처럼 지식재산을 중시하는 정책과
경영이 필요한 시기입니다. 지식재산을 중시하는 경영을 '지식재
산 경영'이라고 말합니다.

❘ 지식재산 경영 ❘

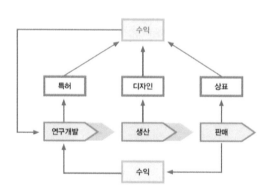

출처: 특허청, 사례 중심의 지식재산경영 매뉴얼 특허경영

지식재산 경영이란, 기업의 이익을 위하여 지식재산 전략을 수립하는 것이라고 정의할 수 있습니다. 즉, 지식재산을 통하여 기업의 이익을 극대화하는 경영 방식입니다. 연구 개발 단계에서 특허가 창출되고, 제품 생산 단계에서 디자인이 확정되며, 제품 판매를 위하여 상표가 필요합니다. 더 나아가 영업 비밀, 트레이드 드레스, 저작권 등도 창출될 수 있습니다. 이러한 혁신 활동을 지식재산권으로 보호하고, 지식재산권을 이용하여 로열티 수입을 확보하고 로열티 수입은 다시 연구 개발에 투입하여 경쟁력을 유지하는 전략입니다. 지식재산 경영은 로열티 수입으로 인한 이익으로 한정되지 않으며, 지식재산권에 의한 시장의 독점, 시장에서 우위성 확보, 비즈니스 보호 및 협력 등 다양한 형태로 나타나게 됩니다.

> **66** 제조업의 경쟁력을 지켜내는 일도 중요하지만,
> 핵심적인 가치 창출 활동을 유지하고 **99**
> 지식재산권을 확보해야 합니다.

지식재산 경영을 통해 지식재산 포트폴리오를 만들 수 있습니다. 다양한 지식재산은 강력한 포트폴리오를 형성하며 제품이 모방당할 위험 요인을 줄이게 됩니다. 지식재산권 중 특허는 기

술을 보호하기 위한 일반적인 권리인 것에 비해, 실용신안은 상대적으로 기술 수준이 낮은 소발명을 보호하기 위한 것으로, 물품의 형상이나 구조에 관한 발명을 보호 대상으로 합니다. 각각의 지식재산권은 그 나름대로 별도의 가치를 가지고 있기 때문에 소발명을 보호하는 실용신안이라 하더라도 무시해서는 안 됩니다. 때때로 디자인권으로 보호되는 대상이 실용신안권으로 보호되기도 합니다.

▎ 지식재산 포트폴리오의 구성 ▎

한국 기업들은 그동안 끊임없는 기술 혁신을 통하여 경제 성장을 이끌어왔습니다. 하지만 기술의 상향평준화가 가속화되면서 디자인의 중요성이 부각되고 있습니다. 이런 의미에서 지식재

산 경영에서 디자인 경영이 강조될 수밖에 없습니다. 최근에는 제품을 직접 생산하지 않는 기업이 많아지고 있습니다. 이런 기업은 제품 생산 기술을 연구·개발하는 단계를 건너뛰고 디자인과 브랜드(상표)에 집중한다고 볼 수 있습니다. 애플이 대표적입니다. 애플은 각종 부품은 한국, 대만, 일본 등에서 조달하고 완제품 생산은 폭스콘(Foxconn)에 맡기고 있습니다. 애플은 디자인, 사용자 편의성, 콘텐츠 등 핵심적인 가치 창출 활동에만 전념합니다. 놀랍게도 애플의 영업이익률은 30%을 상회하고 있습니다.

곽미나 대표가 이끄는 라비또도 제품을 직접 생산하지 않고 디자인과 브랜드를 중심으로 경영해 나가고 있습니다. 라비또의 디자인은 소비자의 감성을 자극하고 새로운 경험을 부여했습니다. 라비또는 디자인과 브랜드(상표)를 지식재산권으로 보호하면서 사업 경쟁력을 유지하고 있습니다. 우리는 디자인을 통한 성공 사례를 통하여 기술 중심의 창업이나 사업에서 벗어나 다양한 혁신에 접근해나가야 합니다.

요즘 많은 디자인이 기업에서 창출되고 있습니다. 이러한 디자인은 자신의 직무에 속하는 경우가 많습니다. 기존에 '발명'을 중심으로 제도가 만들어져서, 직무발명 제도라고 말합니다. 직

무발명 제도는 창작자와 기업 간의 이익을 합리적으로 조정하는
제도입니다. 직무발명 제도는 창작자가 기업에 디자인을 양도하
면서 정당한 보상을 받고, 기업은 디자인권을 소유하여 적극적
으로 활용하게 하는 것을 말합니다.

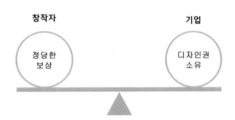

| 직무발명 제도 |

직무발명 제도는 디자인 경영의 기초가 됩니다. 창작자는 창
작 활동을 통하여 디자인을 창출하고, 이 디자인을 기업에 양도
하게 됩니다. 창작자는 디자인의 양도 대가로 정당한 보상을 받
게 되며, 기업은 디자인을 등록하여 디자인권을 소유하게 됩니
다. 기업은 디자인권을 활용하여 기업의 이익을 향상하고 이 이
익을 창작 활동에 재투입하게 됩니다. 이러한 선순환 과정의 중
심에 있는 직무발명 제도는 기업 내에서 혁신 활동이 원활하게

이루어지도록 돕습니다. 결국 직무발명 제도는 창작자의 창작 의욕을 고취시켜 혁신을 일으킨다는 점과 창작자의 이직에 의하여 디자인이 유출되는 것을 방지한다는 점에서 그 운영 방식에 따라 기업의 운명이 결정된다고도 볼 수 있습니다.

| 직무발명과 혁신 시스템 |

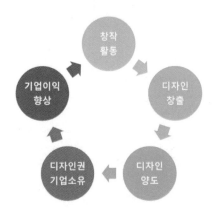

직무발명은 금전적으로 보상받는 것이 일반적이지만, 일부 기업에서는 인사고과에 반영하는 등의 비금전적인 보상도 시행하고 있습니다. 기업의 특성에 따라 금전적 보상과 비금전적 보상 중 일부를 시행하거나 병행하는 방법이 있겠지요. 금전적 보상에는 신청(출원)보상, 등록보상, 실시보상, 처분보상이 있습니다.

신청(출원)보상은 디자인 등록을 신청하고 지급하는 보상금이며, 등록보상은 디자인을 등록받은 후 지급하는 보상금입니다. 실시보상은 자사가 등록된 디자인을 실시하여 이익을 얻었기 때문에 지급하는 보상금이며, 처분보상은 타사에 디자인권을 양도하거나 실시권을 허락해주었을 때 그 이익의 일부를 지급하는 보상금입니다.

보상금의 액수는 보통 신청(출원)보상보다는 등록보상이 보상금 액수가 큽니다. 디자인 등록을 신청하고 등록되어야만 법률상 보호받을 수 있기 때문입니다. 등록보상보다는 실시보상 또는 처분보상이 보상금 액수가 클 수밖에 없습니다. 그 이유는 디자인이 등록된 것보다는 제품에 디자인이 실제 사용되었거나 디자인권을 처분하면 이익이 크기 때문입니다.

보상금의 액수는 기업마다 많은 차이를 보입니다. 기업의 전략이나 사정에 따라 보상금 액수를 정하기 때문입니다. 한국 디자인권과 해외 디자인권을 구분하여 보상금을 지급하는 사례도 있고 평가 등급에 따라 차등 지급하는 방식을 취하기도 합니다.

> **직무발명 보상제도는
> 혁신적인 가치 창출을 존중하는 문화를 만들며,
> 기업 내의 혁신 시스템을 가동시킵니다.**

크록스,
못생긴 신발 디자인의
불로영생을 꿈꾸다

이제까지 크록스는 신발에 대해 수십 개의 디자인권을 확보하고 있습니다. 한발 더 나아가, 2016년 크록스는 신발의 입체적인 형상을 상표권으로 등록받았습니다. 자칫 못생겨 보일 수도 있는 클래식 스타일의 크록스 신발은 그 입체적 형상이 소비자에게 브랜드로 충분히 인식되었습니다. 이러한 이유로 신발 디자인이 상표로 등록될 수 있었습니다.

┃ 크록스의 입체상표권 ┃

상표등록 제40-1165784호

왜 이런 일이 일어날까요? 디자인권은 우리가 알고 있는 일반적인 재산, 예를 들면 토지나 아파트처럼 영원히 소유할 수 있는 것이 아닙니다. 디자인권은 영원하지 않습니다. 디자인권은 디자인이 등록된 날로부터 효력을 발휘하지만 그 존속 기간은 디자인 등록을 신청한 후 20년이 되는 날까지입니다. 즉, 존속 기간의 시작점은 디자인 등록일이며, 종료점은 디자인 등록 신청일부터 계산하여 20년이 되는 날입니다. 존속 기간이 만료되면 누구나 사용할 수 있는 공유 재산이 됩니다. 존속 기간을 20년으로 정한 까닭은 무엇일까요? 디자인권자는 대대손손 그 이익을 누리고 싶고, 다른 사람들은 디자인권의 존속 기간이 짧기를 바랄 것입니다. 그 합의점이 디자인 신청일 후 20년입니다. 디자인 신청일로부터 20년이 지났다면 디자인권자는 그 이익을 충분히 향유했으며 그 후에는 사회에 환원해야 산업 발전에 기여하기 때문입니다.

❙ 디자인권의 존속 기간 ❙

상표권은 상표 등록일로부터 10년간 존속하지만, 10년마다 계속 갱신할 수 있습니다. 상표권이 갱신되면 영구적으로 사용하는 것과 마찬가지입니다. 이렇게 하는 이유는 소비자를 보호하기 위함입니다. 예를 들어, '나이키'라는 상표권의 존속 기간을 10년까지만 인정하고 상표권을 소멸시켜 누구나 '나이키' 상표를 사용하도록 하면, '나이키' 상품을 샀는데 기존에 알고 있는 상품과 전혀 다른 상품을 사게 되는 꼴이 되어 소비자가 피해를 보게 됩니다.

▎ 상표권의 존속 기간 ▎

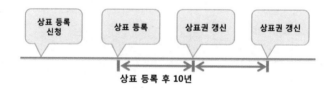

" **디자인권은 디자인 등록 신청 후 20년간 존속하지만,**
상표권은 갱신을 통하여 영구적으로 존속할 수 있습니다. **"**

디자인권의 존속 기간이 만료되면, 시장에서 더 이상 제품을
보호할 수 없게 됩니다. 디자인권으로 보호할 수 없다면 다른
지식재산권으로 보호받아야 합니다. 어떤 기업이든 경쟁력을 유
지하는 전략은 생존을 위해 반드시 필요하겠지요. 크록스는 신
발 디자인을 입체상표로 등록하여, 20년 동안 보호되는 디자인
권이 아닌 영구적으로 사용할 수 있는 상표권을 확보한 셈입니
다. 그야말로 크록스는 지식재산권을 통하여 기업 경쟁력을 영
구적으로 유지하기를 바라며 불로영생을 꿈꾼 것입니다.

크록스는 2004년부터 현재까지 59개의 신발 디자인을 등록시
켰으나, 25개의 디자인권만 유지되고 있습니다. 아직 디자인권의
존속 기간인 20년이 되지 않았는데도 소멸된 것입니다. 크록스
의 디자인이 등록된 후 시간이 경과한 디자인일수록 소멸된 디
자인이 많습니다. 디자인을 등록할 때 등록료를 납부해야 디자
인권의 효력이 비로소 발생되고, 그 후에는 매년 연차료를 납부
해야 계속 디자인권이 유지됩니다. 즉, 크록스의 디자인 중 25개
의 디자인권에 대해서만 연차료를 납부하고 있고 나머지 디자인
권은 연차료를 납부하지 않아 소멸된 것입니다.

대표적으로 아래 디자인들이 얼마 동안 등록이 유지되었는지
살펴보겠습니다. 첫 번째 디자인권은 2006년에 등록되어 현재까

지 유지되고 있습니다. 하지만 두 번째 디자인권은 2008년 등록된 후 2011년 소멸됩니다. 세 번째 디자인권은 2008년에 등록된 후 2011년 연차료를 납부하였지만 2012년에 연차료를 납부하지 않고 소멸시킵니다. 이렇게 디자인권은 무조건 신청일로부터 20년간 존속하지 않습니다.

| 크록스의 디자인권 유지에 대한 예시 |

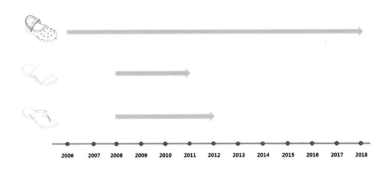

디자인권이 제품에 사용되거나 사용될 가능성이 없다면 연차료를 납부하는 것은 낭비가 됩니다. 다음의 그래프는 2015년을 기준으로 유효하게 디자인권이 유지되는 비율을 등록 연도에 따라 보여줍니다. 2015년을 기준으로 10년 전인 2005년에 등록된 디자인권 중 유효하게 유지되는 비율이 32%입니다. 60~70%의

디자인권은 10년 동안만 유효하게 유지됩니다. 여러 가지 이유가 있겠지만, 대부분은 디자인권을 유지할 가치가 없기 때문입니다.

┃ 디자인권이 유지되는 비율 ┃

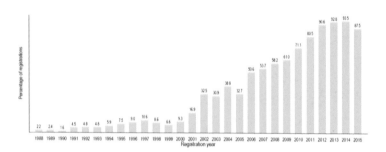

출처: WIPO, World Intellectual Property Indicator 2016

" **디자인권은 연차료 납부 시기에
권리 유지의 필요성을 평가하면서
꾸준히 관리되어야 합니다.** **"**

이렇게 디자인권이라는 재산을 창출하고 유지하기 위하여, 디자인권을 평가해야 합니다. 기본적으로 디자인의 등록을 신청할 때 예산을 투자할 것인지 결정하며, 디자인이 등록되는 시점에서도 사업 계획이 철회되지 않았는지 또는 권리로서 취득해야 하는지 검토할 수 있습니다. 또한 디자인이 등록된 후에는 매년 연차료를 납부하는 시기에 디자인권을 평가할 수 있습니다. 디자인권에 대한 평가를 할 때는 자사의 제품에 적용되거나 적용 예정인지 또는 타사의 제품에 적용되거나 적용될 수 있는지를 검토해야 합니다. 또한 디자인권이 무효로 될 가능성은 없는지와 권리 범위가 넓은지 좁은지까지 판단하여 디자인권의 유지 여부를 결정할 수 있습니다.

디자인권이 더 이상 자신의 사업에 활용되고 있지 않다면 어떻게 해야 할까요? 디자인권을 소멸시킬 수도 있겠지만, 다른 기업에게 디자인권 라이선스를 해주고 로열티를 받을 수도 있습니다. 또한 디자인권을 매각하는 것도 방법입니다. 사업화를 원하는 기업은 디자인권을 양도받아 사업에 활용할 수 있습니다. 이렇게 디자인권으로 수익을 창출하고 이 수익을 창작 활동에 투입할 수 있습니다. 이러한 디자인 경영은 수익을 보장하면서 창작 활동을 지속할 수 있도록 돕습니다.

> **디자인권은 직접 사업화하거나 라이선스 또는 권리를 매각하는 방법으로 활용하여 기업의 수익을 창출할 수 있습니다.**

라비또,
끈질긴 소송으로
디자인을 지켜내다

라비또의 휴대폰 케이스의 디자인은 토끼 귀와 뒷면에 붙어 있는 토끼 꼬리로 구성되어 있습니다. 특히 토끼 꼬리는 여성들이 좋아할 만한 귀여운 디자인입니다. 2010년 12월 곽미나 대표는 이 디자인을 권리화하기 위하여 디자인 등록을 신청하지만 특허청은 등록을 거절했습니다. 그 이유는 토끼 귀와 토끼 꼬리는 하나의 디자인으로 등록 받을 수 없다는 것이었습니다. 토끼 귀와 토끼 꼬리는 형태적인 일체성이 없어서 별개로 디자인을 등록해야 한다는 의미입니다.

▌ 라비또의 토끼 귀와 꼬리 디자인 ▌

디자인 등록 신청 제30-2010-56915호

이렇게 디자인 등록이 거절되면, 특허청의 거절 결정에 불복하여 특허심판원에 심판을 청구할 수 있습니다. 특허심판원에서도 거절 결정이 유지된다면 특허법원에 소를 제기하고 이후에는 대법원의 판단을 받아볼 수 있습니다. 특허청의 거절 결정이나 디자인권의 무효 여부는 특허심판원, 특허법원, 대법원의 판단을 차례로 받도록 되어 있습니다. 특허심판원이 행정기관이긴 하지만 3심 구조처럼 되어 있습니다. 법원에서 판결로써 결론을 내리듯, 우리에게 익숙한 용어는 아니지만 특허심판원은 '심결'로써 결론을 내립니다.

> **특허심판원의 '심결'에 대해 불복하는 경우 특허법원과 대법원에 차례로 소송을 제기할 수 있습니다.**

곽미나 대표는 이 디자인이 핵심적인 디자인이었기 때문에 특허청의 결정에 불복하여 특허심판원에 심판을 청구했습니다. 곽미나 대표는 이 디자인은 토끼 귀 부분과 꼬리 부분이 전체로서 한 세트의 모양을 구성하는 일체성 내지 관련성을 가지면서 하나의 완성된 토끼의 이미지를 표현하고 있으므로, 이 디자인은 하나의 디자인으로 등록되어야 한다고 주장하였습니다. 하지만 특허심판원은 토끼 귀 형태와 토끼털 꼬리 형태가 서로 다르므로 형태적 일체성이 없으며, 토끼 귀와 토끼털 꼬리가 다른 기능을 하여 기능적 일체성도 인정되지 않으므로 하나의 디자인이라고 볼 수 없다고 판단했습니다. 곽미나 대표는 이에 불복하여 특허법원에 특허심판원의 심결을 취소해달라는 소송을 제기하였으나 또다시 기각되었습니다.

곽미나 대표는 여기서 멈추지 않았고, 특허법원의 판결에 불복하여 대법원에 상고하였습니다. 디자인에 대한 거절 결정에 대해 대법원에 상고하는 것은 매우 이례적인 사건으로, 곽미나 대표의 디자인에 대한 애착을 느낄 수 있는 대목입니다. 대법원(2012후3343)은 토끼 귀와 토끼 꼬리가 물리적으로 떨어져 있더라도, 디자인 전체가 토끼 형상과 유사한 일체로서 수요자로 하여금 시각을 통한 미감을 일으키게 하므로 하나의 디자인에 해당한다고 하면서 특허법원의 판결을 파기하였습니다. 곽미나 대표의 끈질긴 소송이 디자인 등록을 이끌어 냈고, 곽미나 대표는 핵심적인 디자인을 권리화하는 데 성공하였습니다.

이뿐만 아니라 곽미나 대표는 제품에 적용된 디자인 외에도 다음과 같이 한쪽 귀가 꺾인 디자인을 등록합니다. 2010년 12월 토끼 귀 모양의 휴대폰 케이스 디자인을 처음으로 등록 신청하고 나서 2011년 3월 다음과 같은 디자인의 등록을 신청한 것입니다. 이렇게 변형된 디자인이 출현할 것을 예상한 듯합니다. 인기를 끄는 디자인일수록 변형된 디자인이 나올 가능성이 높은 만큼, 기본적이고 핵심적인 디자인권을 확보한 것에 안심하지 말고 변형된 디자인까지 등록하기 위한 노력이 중요합니다. 이러한 디자인권은 다른 사람이 시장에 진입하는 것을 차단하는 효과가 있습니다.

▐ 라비또의 꺾인 귀 모양의 휴대폰 케이스 디자인권 ▐

등록 디자인 제30-0629114호

2011년 10월 다른 사람이 다음과 같은 디자인 등록을 신청하여 2011년 11월에 바로 등록됩니다. 어쩌면 곽미나 대표의 예상이 적중한 것인지도 모릅니다. 곽미나 대표는 다른 사람이 등록한 디자인권을 무효로 해달라는 심판을 특허심판원에 청구합니다. 자신의 디자인을 지키기 위하여 이런 적극적인 자세가 상당히 중요합니다. 권리 위에 잠자는 자의 권리는 보호되지 않으니까요.

▌ 다른 사람의 꺾인 귀 모양의 휴대폰 케이스 디자인 ▌

등록 디자인 제30-0622385호

특허심판원(2012당357)은 곽미나 대표가 먼저 신청한 디자인과 다른 사람의 디자인권을 비교할 때, 양 디자인은 주요 창작적 모티브와 지배적인 특징이 공통되고 그로 인해 '한쪽은 쫑긋하게 서고 다른 쪽은 꺾인 토끼의 귀'를 연상시킨다는 점에서 디자인이 비슷하다고 판단하였습니다. 다른 사람 입장에서 디자인권이 무효가 된 후 만일 무효가 된 디자인을 적용한 제품을 판매한다면 곽미나 대표의 디자인권을 침해하게 됩니다. 디자인권은 동일한 디자인뿐만 아니라 비슷한 디자인에도 그 효력이 미치기 때문입니다. 이로써 곽미나 대표는 비슷한 디자인 제품을 시장에서 퇴출하였습니다. 이러한 노력이 결실을 맺어 곽미나 대표는 귀엽고 앙증맞은 토끼 모양의 휴대폰 케이스 사업을 지켜낼 수 있었습니다.

디자인은 모방이 쉬워서 자주 모방품이 출현한다는 점을 잊지 말고 시장 동향을 주시해야 합니다. 만일 다른 사람이 나의 디자인권과 똑같거나 비슷한 디자인을 제품에 적용한다면, 다른 사람이 디자인권을 가지고 있는지 먼저 알아봐야 합니다. 다른 사람이 디자인을 등록시켰다면 곽미나 대표처럼 디자인권을 무효화시키는 것이 중요하겠습니다. 반면 다른 사람이 어떠한 권리도 가지고 있지 않으면서 모방품을 제조 또는 판매한다면 디자인권 침해에 대한 경고장을 바로 보내야 합니다. 현실적으로 경고장을 받게 되면 대부분의 사람들은 제품 판매를 중지하기 때문에 큰 효과가 있습니다.

디자인권이 없는 경우, 부정경쟁행위임을 주장하여 경고장을 보낼 수 있습니다. 제품 형태를 모방한 행위는 부정경쟁행위이므로 이를 근거로 제품의 판매를 중지해줄 것을 요청할 수 있습니다. 이러한 요청에도 모방품을 계속 판매한다면, 소송을 제기할 수도 있지만 특허청에 신고하여 빠른 판단을 받아볼 수 있습니다.

> **자신이 창작한 디자인은 디자인권이라는 재산으로 만들어야 하며,
> 모방품이 발생하면 권리를 적극적으로 행사하여
> 자신의 사업을 지켜내는 노력이 필요합니다.**

한편 디자인권을 침해했다는 경고장을 받은 경우에는 어떻게 해야 할까요? 이러한 경우 먼저 상대방이 원하는 것이 무엇인지 알아야 합니다. 단순히 판매 중단을 원하는 것인지 아니면 디자인권의 라이선스 등으로 수익을 얻고 싶어하는지 파악해야 효과적으로 대처할 수 있습니다. 경고장을 받으면 과격하게 답변을 보내거나 무대응으로 일관할 필요가 없습니다. 경고장에 대해 바로 답변하기 어려운 경우, 언제까지 검토하겠다는 등 어느 정도 상대방과 좋은 분위기를 형성하는 것이 바람직합니다. 경고장을 받으면 디자인권을 침해하는 것인지 확인해야 합니다. 디자인권의 내용과 자신의 제품이 완전히 동일한지 아니면 다르다고 볼 여지가 있는지 분석합니다. 두 디자인이 서로 달라 비침해

라고 생각한다면, 전문가의 도움을 받아 답변서를 작성하거나 관련 심판을 청구할 수도 있습니다. 디자인권의 침해 여부를 떠나 디자인권이 무효인 경우도 있습니다. 만일 디자인 등록을 신청하기 한참 전에 디자인이 세상에 알려졌다면 무효 심판을 청구하여 디자인권을 소멸시킬 수 있습니다. 결국 경고장에 대한 차분한 검토와 다양한 조치를 수립하여 디자인 분쟁을 원만히 해결할 수 있습니다.

> **디자인권 침해의 경고장을 받으면,**
> **우선 상대방의 의도를 파악하고 디자인권을 분석해야 합니다.**

▌*Epilogue*

디자인과 브랜드를
재산으로 만들고 성공한 사람들

많은 사람들이 독특한 디자인과 참신한 브랜드를 개발하지만, 이를 재산으로 만들어야 한다는 생각에 미치지 못합니다. 또는 지식재산을 알고 있더라도 제대로 재산으로 만드는 데 실패하는 경우가 허다합니다. 예를 들어, 독특한 디자인 제품이 홈쇼핑이나 인터넷 쇼핑몰에서 히트 상품이 된 후 모방품이 출현하면 그제서야 디자인 등록을 서두르는 경우가 있습니다. 설사 이러한 디자인이 등록되더라도 디자인권이 결국 무효로 되는데, 이러한 현상은 처음에 사업을 시작할 때 디자인을 재산으로 만드는 데 소홀했거나 지식재산에 대해 잘 이해하지 못했기 때문입니다.

또 어떤 사람들은 우리나라에서 디자인이나 브랜드를 재산으로 만들 필요가 없다고 말합니다. 지식재산권에 대한 손해배상액이 낮기 때문에 굳이 투자할 필요가 없다는 말이지요. 하지만

2019년부터 특허권에 대한 징벌적 손해배상이라는 어마무시한 제도가 도입됩니다. 아이디어를 재산으로 만든 사람들을 강력히 보호해보자는 흐름이며, 이러한 흐름은 앞으로 디자인과 브랜드의 강력한 보호로 이어질 것입니다.

문제는 한국 기업이 동일한 생각으로 글로벌 시장에 진출하는 때입니다. 지식재산권이 없는 상태에서 무작정 해외 시장에 진출했다가 해외 사업을 진행하지 못하는 경우가 많습니다. 알리바바와 같은 전자상거래 플랫폼에서 판매하더라도, 지식재산권이 없으면 사업을 할 수 없는 환경이 지금의 현실입니다.

디자인과 브랜드를 재산으로 만들고 성공한 사람들은 많습니다. 책 내용에 많이 소개되었지만, 실제 저와 함께 디자인과 브랜드를 재산으로 만들기 위해 고민한 사례를 말씀드리겠습니다.

창업 초기의 의류 디자인 회사의 A 대표는 제가 기고한 카카오 브런치를 보고 상담을 요청하였습니다. A 대표는 조만간 청년창업사관학교에 지원할 예정이었습니다. A 대표는 지식재산을 취득하는 데 많은 비용을 투자할 수 없는 상황이었습니다. 저는 이러한 상황에서 핵심적인 하나의 디자인만 등록을 신청하고 나머지 디자인에 대해서는 한국디자인진흥원에 '디자인 공지

증명'을 발급받자고 제안하였습니다. 의류 분야는 다양한 디자인으로 응용되어 다수의 디자인이 한꺼번에 창작되기 때문에, 이러한 방법은 창업 초기인 A 대표에게 도움이 되었습니다.

에어팟 가죽 커버를 판매하는 회사의 B 대표는 동종업계에서 잘나가던 회사가 모방품 때문에 무너지는 것을 보고 저에게 연락해왔습니다. B 대표는 자신의 제품이 잘 판매되고 있지만 향후 출현할 모방품을 걱정하고 있었습니다. 저는 에어팟 가죽 커버를 구성하는 요소를 최소화하여 디자인 등록을 신청하자고 제안하였습니다. 이러한 조치는 미리 모방품에 대비하여 회사의 이익을 지켜나가고 또 다른 제품을 준비할 수 있는 계기가 되었습니다.

구두 디자이너 C 대표는 시즌마다 자신의 구두 디자인을 그대로 베끼는 모조품 때문에 고민하였습니다. 도매업자가 모조품을 전국에 유통시키면 자신의 제품이 판매되지 않는 반복되는 피해를 입고 있었습니다. 저는 구두의 뒷굽, 장식품 그리고 구두의 갑피 등에 대해 디자인을 신청하면서 바로 디자인 공개를 신청하자고 제안하였습니다. 패션업계는 시즌마다 상품이 나와 제품의 수명 주기가 짧기 때문에 즉시 경고장으로 모조품을 막아야 했기 때문입니다. 이러한 경고장은 온라인과 오프라인으로 판매되는 모조품을 막아내는 성과를 거두었습니다.

메이크업 브러시를 판매하는 기업의 담당자는 10년 넘게 회사의 대표 브랜드를 등록하지 못했다며 중요성이 떨어지는 다른 브랜드를 등록해달라고 요청하였습니다. 대표 브랜드를 검토해보니 누구나 알고 있는 유명한 화가의 이름 중 '성'과 동일하였고, 여러 번 상표등록을 신청하였지만 번번히 거절되었습니다. 최근 판례는 사람의 '성'과 '이름'을 분리해서 판단하지 않고 전체로써 유사 여부를 판단하므로, 10년 넘게 해결하지 못했던 대표 브랜드 등록을 시도해보자고 제안하였습니다. 담당자는 반신반의하면서 저의 제안에 따라 상표등록을 신청하였고, 미리 예상했던 심사 내용에 대응하여 대표 브랜드를 등록하게 되었습니다. 이후 메이크업 브러시를 판매하는 기업은 대표 브랜드를 활용하여 적극적인 홍보 활동을 당당히 이어갔습니다.

많은 분들이 아이디어, 디자인, 브랜드를 재산으로 만들고 성장해나가고 있습니다. 저 또한 이렇게 성공하는 분들을 보면 뿌듯한 마음이 듭니다. 아무쪼록 한국의 스타트업과 기업들이 지식재산권으로 사업을 보호하고 대한민국의 미래를 만들어 나가길 바라는 마음뿐입니다.

참고 문헌

1. 도서 및 간행물

- 진병호 외 3인 저, 『브랜드, 세계를 삼키다』, 이담북스, 2015년
- 강신기 저, 『지구를 흔든 남자』, 이가서, 2004년
- 레인 캐러더스 저, 박수찬 역, 『창의와 혁신의 브랜드 다이슨 스토리』, 미래사, 2011년
- 특허청·발명진흥회 편저, 『지식재산의 이해』, 박문각, 2012년
- 김종균, 『디자인 전쟁』, 홍시, 2014년
- 김지훈 외 2인, 『디자인 지식재산권』, 안그라픽스, 2013년
- 특허청, 『디자인 보호 가이드북』, 2015년
- 특허청, 『중국 상표 보호의 모든 것』, 2017년
- Michael A. Gollin, 『Driving Innovation』, Cambridge University Press, 2008
- WIPO, 「Madrid yearly review 2018」
- WIPO, 「World Intellectual Property Indicators 2016」

2. 기사 및 인터넷 자료

- 특허청, "스마트폰 케이스에 캐릭터 '열풍'", 2012년 6월 13일
- 특허청, "자발적으로 추진하는 스케이트 보드", 특허청, 2007년 10월 6일
- 특허청, "'돈 되는 강한 특허', 베끼기도 피하기도 어려워", 2012년 2월 17일
- 특허청, "특허청, 중소·벤처·스타트업 아이디어 무임승차행위 철퇴", 2017년 12월 5일
- 특허청, "무임승차·가로채기 상표출원 등록 안돼!!", 2020년 1월 13일
- 특허청, "특허심판원, BTS(방탄소년단) 모방사용 상표권에 등록취소 판단", 2020년 2월 3일
- 식품외식경제, "제주 소주업체 제주소주·한라산 '올레' 상표 두고 법정 다툼", 2014년 12월 1일